KB175649

퍼실리테이션을 만나다

현장에서 바로 쓰는 워크숍 퍼실리테이션

퍼실리테이션을 만나다

초판 1쇄 인쇄   2020년 11월 27일
초판 3쇄 발행   2023년 5월 19일

지은이   박진
펴낸이   최익성

기 획   홍국주
편 집   강송희
마케팅   임동건, 임주성
마케팅 지원   안보라
경영지원   이순미, 임정혁
펴낸곳   플랜비디자인
디자인   design Orae

출판등록   제 2016-000001호
주 소   경기도 화성시 동탄첨단산업1로 27 동탄IX타워 A동 3210호
전 화   031-8050-0508
팩 스   02-2179-8994
이메일   planbdesigncompany@gmail.com

• 플랜비디자인는 독자 여러분의 아이디어와 원고 투고를 기다리고 있습니다.
 책으로 만들고자 하는 기획이나 원고가 있다면, 언제든 플랜비디자인의 문을 두드려 주세요.

현장에서 바로 쓰는 워크숍 퍼실리테이션

퍼실리테이션을 만나다

박진 지음

PlanB DESIGN 플랜비디자인

전세계적으로 확산된 COVID 19로 인해 언택트 시대라는 새로운 상황에 직면한 요즘, '소통'이라는 단어가 우리 일상생활에서 이렇게 큰 의미로 다가왔던 적이 있을까?

소통은 너, 나, 그리고 우리가 관계를 맺고 살아가는데 기본이 되면서, 행복하고 건강한 삶을 위해 꼭 필요한 요소이다. 그럼에도 소통은 참 어렵다. 소통으로 상처를 받기도 하고, 또 의도치 않게 상처를 주기도 한다. 그렇기에 힘든 소통을 중재하고, 서로 합의해서 협업하도록 촉진하는 퍼실리테이터의 역할이 더 부각되는 시기이기도 하다.

박진 퍼실리테이터는 KT內최고 퍼실리테이션 전문가로서 KT부서 곳곳의 문제를 해결하고, 개선아이디어를 도출하는 등 퍼실리테이터로서의 역할뿐 아니라, 국내외 퍼실리테이션 컨퍼런스에서도 그간의 경험을 공유하는 등 나눔의 실천자이기도 하다.

박진 퍼실리테이터가 진행하는 토론 현장은 참여자들의 몰입도도 최고지만, 아젠다를 발제 한 과제리더들도 그가 이끈 토론 결과물에 매우 만족해하고 그녀의 고정팬들이 되는걸 보면, 독보적이고 차별화된 그녀만의 특별함이 분명 있다. 작년에, 워크숍에서 박진 퍼실리테이터의 노하우가 여러 사람들에게 알려지면 좋을 듯싶어 "책 한번 내봐"라고 한마디 했는데, 그것이 그녀의 뜨거운 열정에 불을 지른 듯 하다. 그 뜨거운 열정의 결정판인 이 책은 다른 여타의 퍼실리테이션 이론이나 기법을 소개한 책과는 사뭇 다르다. 실전에서 체득하고 터득한 노하우를 특유의 감각으로 누구보다도 쉽게 풀어 설명한데다 내면적 철학까지 담겨있어 보다 깊이 있는 퍼실리테이터로 성장하기를 희망하시는 분들에게 살아있는 설명서이자 안내서가 될 것이다.

아직도 글귀 하나 하나에 뜨거운 열정과 에너지가 생생히 전해오는 듯하다. 그녀의 경험적 지식과 지혜는 독자 여러분의 목마른 갈증을 쉬이 풀어줄 것이며, 담긴 열정 하나하나 디딤돌이 되어 읽다 보면 한 단계 업그레이드된 자신을 발견하게 될 것이다.

마지막으로 늘 도전하는 정신으로 더욱 정진하는 퍼실리테이터가 되길 기원하며, 퍼실리테이션이 사회 전반에 소통문화 조성의 중요한 축으로 자리매김하기를 기대해 본다.

-KT 1등워크숍담당 상무 정인용

여행하는 퍼실리테이터 박진님의 소중한 노하우가 실린 『퍼실리테이션을 만나다』이 세상에 나오게 되어 무척 기쁩니다. 진실로 워크숍 퍼실리테이션은 여행과 같습니다. 늘 새로운 참여자들과 아직 가보지 않은 미지의 여행을 떠나야 하는 퍼실리테이터들에게 그 길을 다녀온 다른 퍼실리테이터들의 이야기는 아무리 읽어도 질리지 않은 보물지도와 같습니다. 에너지와 재치가 넘치는 박진님의 퍼실리테이션 이야기가 대한민국을 넘어 전세계 퍼실리테이터들에게 더 멋진 여행을 준비하는 소중한 가이드가 될 것입니다.

-IAF CPF 국제공인퍼실리테이터, 인피플 컨설팅 대표 채홍미

퍼실리테이터는 '일을 쉽게 하도록 하는 사람'이다. 그럼에도 종종 너무나 안타깝게도 일을 쉽게 하기는 커녕 오히려 프로세스에 얽매어 일을 더 어렵게 만들거나 복잡하게 만드는 경우가 있다. 사람들의 지혜를 모은다는 것. 그로써 스스로 문제를 해결해 나가고 변화하게 일깨운다는 것이 어찌 간단할 수 있을까. 그러나 분명한 것은 모든 사람이 각자의 지혜를 갖고 있다는 것이다. 우리가 퍼실리테이터로서의 역할과 기능을 잘 이해하고 있다면, 먼저 충분히 훈련되어 있다면, 좀 더 여유롭게 워크숍을 즐길 수 있지 않을까? 인하우스 퍼실리테이터로서 도전하며 울고 웃은 그녀의 경험이 친절하게 녹아져 있는 『퍼실리테이션을 만나다』를 통해 기본기를 먼저 다져 보는 것을 추천한다. 부모 자신이 행복해야 아이들이 행복할 수 있듯이 퍼실리테이터가 여유롭고 즐거운 마음일 때 참여자도 안정되고 참여의 참맛을 느낄 준비를 할 수있을 것이다.

\- IAF CPF 국제공인퍼실리테이터, ICA ToP Facilitation trainer,

KFA 국제협력이사, ORP연구소 상무 유희재

생생하게 살아있는 사례를 통째로 볼 수 있다는 것, 그것이야 말로 이 책을 실전 워크숍 퍼실리테이션을 준비하는 이들에게 추천하는 이유입니다. 퍼실리테이터 훈련과정에서 우리는 조금은 안전하고 우호적인 환경속에서 철학, 도구, 다양한 방법론 등을 각각 나누어서 배우고 익힙니다. 퍼실리테이션은 참여와 협력을 이끌어 낼 수 있는 더할 나위 없이 좋은 망치죠! 그런데 내 손에 망치가 들렸다 해도, 필요할 때 못이 짠 하고 나타나지 않습니다. 망치로 때리면 안 되는 특별한 못도 있습니다. 혼자 때릴 수 없는 거대한 못도 있습니다. 때려달라고 순순히 기다려주는 못을 만나기는 정말 드문 상황입니다. 퍼실리테이션 도구가 있다고, 퍼실리테이션 방법론을 익혔다고, 바로 그것을 활용할 수 있는 상황이 당신 앞에 떡하니 나타날리는 없지요.

박진 퍼실리테이터는 이 책을 통해 단순히 도구와 기법의 안내보다는, 퍼실리테이터가 워크숍 퍼실리테이션의 진행 시 전체 흐름을 한눈에 조망하고, 발생 가능한 다양한 상황들을 눈 앞에서 생생하게 경험하듯 보여줍니다. 내가 조금 먼저 경험한 사람이라고 꼰대처럼 잘 난 척 하기보단, 갑작스럽게 변화될 수 있는 다양한 현장에서 초보 퍼실리테이터가 처하게 될 여러 상황을 걱정하고 있습니다. 그래서인지 더욱 더 퍼실리테이션 입문자들이 품고 있는 질문들에 귀를 기울이고, 함께 해결하기 위해 섬세하게 고민했던 과정과 실전에서 좌충우돌한 생생한 경험을 고스란히 담아서 나눠주고 있습니다. 이런 눈에 보일 듯한 생생한 기술 방식은 독자들에게 세련되게 보이지 않을 수도 있지만, 오히려 우리 퍼실리테이터들이 쉽게 범할 수 있는 실수를 예방하고, 막막한 상황을 어떻게 타개할 수 있을지를 모색할 수 있는 더없이 귀한 자료가 될 것입니다.

다양한 상황 별로 어떤 도구와 방법을 써야 되는지, 예상하지 못한 상황이 발생했을 때 어떻게 문제를 해결해나가며, 참여를 촉진하고 상황을 타개하기 위해 퍼실리테이터가 제시해야 하는 질문이 무엇인지, 동시에 더 좋은 참여의 경험과 결과물을 가져갈 수 있도록 촉진할 것인지를 고민하고 있다면, 박진 퍼실리테이터를 책을 통해 만나보세요. 이 책에 실려있는 생생한 사례와 저자의 지침들이 본격적으로 퍼실리테이터의 역할을 수행하고자 하는 분들에게 훌륭한 디딤돌이 되어줄 것이라 기대됩니다.

- '혁신가의 질문' 저자, 질문디자인연구소 소장 박영준

박진 퍼실리테이터는 여행하는 퍼실리테이터다.

그가 여행하는 곳은 지도에 당당히 이름을 올린 세계의 여러 나라이다.또한 그는 사람과 사람이 만들어내는 다양한 소통의 현장을 여행하기도 한다. 그는 퍼실리테이터로서 모든 세상을 만나는 순간에 열정과 도전, 그리고 유연성을 발휘한다. 이 책은 그러한 그의 도전이 만들어 낸 또 다른 세계이다.

요즘 퍼실리테이션에 대해 관심이 점점 뜨거워지고 있다. 좀 더 '참여'를 이야기하고 '함께'를 이야기한다. 독자들은 이 책을 통해 그 만의 시그니처가 담긴 퍼실리테이션의 세계에 발을 디디게 될 것이다. 그리고 발견하게 될 것이다. 어떻게 하면 참여자들의 온전한 참여와 함께 그들 스스로 문제를 풀어나갈 수 있게 만들 수 있는지에 대한 진짜 방법을.

많은 초보 퍼실리테이터들이 학습을 지속하기 위해 교과서와 같은 책을 원하고 있었지만 마땅한 책이 없었다.퍼실리테이션 책의 불모지와 같은 그런 상황에서 이 책은 태양이 사라진 메마른 사막

에서 유일하게 빛나는 북극성과 같다. 이 책은 독자들에게 올바른 퍼실리테이션의 세계로 가는 길잡이가 되어 줄 것이다..

그와 함께 여행을 떠날 준비가 되었다면, 이제 작은 배낭과 함께 첫 발을 떼어보자.

순항은 시작되었다.

-KFA CPF, 퍼실리테이션 회사 포커스아레테 대표 심윤수

'By Me'와 함께하는 참여의 성취감은 현 시대의 흐름에서 퍼실리테이션의 중요함을 보여줍니다. 공식적인 퍼실리테이션 워크숍이나 회의뿐만 아니라 일상 속에서도 녹아 든 퍼실리테이션을 모른 척 지나칠 수 없는 시대가 되었습니다. 기법과 도구만을 사용한 분절적인 퍼실리테이션과는 다르게 살아있는 존재로서의 퍼실리테이션을 이 책에서 만나보실 수 있습니다. 다양하고 생생한 사례를 통하여 퍼실리테이션적 참여와 소통을 생생하게 간접적으로 경험해 볼 수 있습니다. 심지어 자랑용 사례와 자신 있는 방법만이 아닌 실제 현장의 경험을 통해 성찰한 포인트들도 나누며 퍼실리테이션의 흐름을 이해하고 설계와 진행에서 어떤 마음가짐을 갖고 어떤 역동들과 만나게 될지 느껴볼 수 있는 기회를 제공해줄 겁니다.

-IAF CPF 국제공인퍼실리테이터, 인간중심디자인연구소 대표 Gemma Oh

'쉽게 만든다' 또는 '촉진하다'를 의미하는 퍼실리테이션의 한가지 특징은 구성원에 의해서 구성원이 원하는 결과를 구성원들 스스

로 만들 수 있도록 도와주는 '퍼실리테이터의 역할'과 이 과정에서 사용되는 '퍼실리테이션의 프로세스와 도구/기법'의 유기적인 조합입니다.

이 책은 이러한 퍼실리테이션의 특징을 워크숍이라는 전문적인 분야와 연결해서, 워크숍 퍼실리테이션의 전체 구조, 워크숍 퍼실리테이션 프로세스에 사용되는 대표적인 도구/기법, 다양한 워크숍 실전 사례를 통한 프로세스와 도구/기법의 조합과 진행내용 그리고 IAF_CPF국제공인퍼실리테이터인 저자의 생생한 경험을 바탕으로 퍼실리테이터에게 필요한 역량과 역할 등을 이해하기 쉽고 현장에서 효과적으로 활용할 수 있도록 소개합니다. 성공적인 워크숍을 준비하고 싶은 분들에게 추천해 드립니다.

- IAF CPF 국제공인퍼실리테이터, 북퍼실리테이션 개발자 대표 송원상

내가 만드는 "BY ME"의 시대,
그리고 퍼실리테이션

2014년 한국에 진출해 사랑 받고 있는 조립형 브랜드가 무엇인지 아시나요? 아이케아(IKEA)입니다. '아이케아'는 소비자가 직접 가구를 조립하게 한다는 독특한 비즈니스 모델로 우리나라에 진출했습니다. 당시 우리나라 가구 시장에서는 '새로운 컨셉인데 잘 될까?'하는 우려의 목소리도 있었습니다. 6년이 지난 지금 과거의 우려가 무색할 만큼 '아이케아'는 시장을 키워 나가고 있습니다. '아이케아'의 성공 요인은 무엇일까요? 대표적인 이유는 '조립형 가구'라는 '아이케아'의 컨셉으로 물류비를 줄인 점 입니다. 물류비 외에 또 다른 성공 요인을 찾는다면 '아이케아 효과(IKEA effect)*'를 꼽을 수 있습니다. 과거의 소비자들은 가구 조립을 제조사의 영역으로 여기거나 번거로워 했었습니다. 오늘날 소비자들은 과거와 달리 자신의 시간과 노력이 들어간 제품에 성취감을 느끼고 각별한 애착을 갖습니다. 소비자들의 성향이 변하면서 자연스럽게 '아이케아' 브랜드에 대한 선호도가 높아졌습니다.

---

* 『2020 트렌드코리아』, 김난도 외, P.316

'아이케아 효과'라는 말처럼 노력을 기울이는 번거로움 보다 '내가 만들었다(BY ME)'는 참여의 성취감이 더 큰 시대로 바뀌고 있습니다. 기업이나 사회, 정부에서도 구성원의 참여를 통해 집단의 결과물을 만들고 성취감을 바탕으로 실행까지 이어지는 사례들이 많아지고 있습니다. 시대적 흐름에 발맞춰 구성원들이 보다 효과적으로 참여하고 결과물을 도출할 수 있도록 도와주는 사람들이 필요하게 됐습니다. 자연스럽게 '퍼실리테이션'이 활성화 되고 '퍼실리테이터'라는 직업을 가진 사람들이 보다 적극적으로 활동하게 됐습니다.

'한국퍼실리테이터협회(KFA)'에서는 퍼실리테이션을 '효과적인 절차에 따라 그룹의 구성원들이 적극적으로 참여하여 목적을 달성하도록 돕는 활동이다'라고 정의하고 있습니다. 이러한 퍼실리테이션은 우리 일상 속에 녹아 들어 다양한 분야에 적용되고 있습니다.

예를 들면 과거 기업에서는 TOP-DOWN(하향식) 방식으로 일방적인 소통과 의사결정이 이루어졌습니다. 최근에는 구성원들의 참여를 통한 의견 개진을 하거나 '현장의 답은 현장의 전문가인 직원에게 구한다'라는 믿음을 바탕으로 BOTTOM-UP(상향식) 소통이 많아지고 있습니다. 구성원들의 참여를 독려하고 주인의식을 부여하는 방식의 일환으로 퍼실리테이션을 채택하고 있습니다. 학교에서는 '학생 자치 활성화'라는 이름으로 학생 회의 활성화나 참여 촉진을 위해 퍼실리테이션을 적용하고 있습니다. 정부나 관공서에서도 공직문화 개선이나 주민 참여 제도 활성화에 따라 퍼실리테이

션을 통해 지역 사회의 소리를 듣고 반영하는데 활용하고 있습니다

이 책에서는 "BY ME"시대에 주목 받고 있는 '워크숍 퍼실리테이션'에 대해 다루고 있습니다. 이해를 돕기 위해 워크숍을 시행하면서 퍼실리테이터로서 고민했거나 어려웠던 점들을 생생하게 작성했습니다. 또한 실제로 실행했던 여러 워크숍 사례들을 살펴보고 퍼실리테이터들이 궁금해하는 내용에 대해 다룰 예정입니다.

퍼실리테이션 방법이나 도구만 알면 퍼실리테이션을 할 수 있을까?

퍼실리테이션을 통해 사람들과 소통하고 자료들을 공유하기 위해 블로그를 시작한 지 5년이 지났습니다. 블로그의 주된 내용은 퍼실리테이션 방법이나 도구, 사례 등을 공유하는 것 입니다. 블로그를 통해 퍼실리테이션 관련 다양한 질문을 받기도 합니다.

 "퍼실리테이션을 잘 할 수 있는 방법에 대해서 알고 싶어요."

 "어떤 툴을 쓰면 되나요?"

 "이 툴을 쓰는 방법은 알겠는데…그런데 실제 워크숍 할 때는 어떻게 쓰는 건가요?"

반복적으로 받게 되는 질문들을 통해 여러 생각을 하게 됐습니다.

첫째, '퍼실리테이션 방법이나 툴에 대해 설명한 책이 많은데 어떤 툴을 써야 할지 질문을 하는 것이 정말 방법에 대한 궁금증일까?'

둘째, '방법이 이미 다 설명이 되어있는데 왜 어떻게 써야 할지 질문을 하지?'

'퍼실리테이션 도구나 툴에 대해 설명된 책이나 자료는 많지만 생생한 퍼실리테이션 현장에 대해 기술한 자료나 내용이 많이 없구나!'라는 생각이 들었습니다. 새롭거나 대단하지는 않아도 워크숍 퍼실리테이션 현장에서 바로 쓸 수 있는 책을 쓰고 싶었습니다.

퍼실리테이션 책을 쓰기로 생각했을 때, 퍼실리테이션 책이 나온다면 어떤 책이 나오면 좋을지 인터뷰를 진행했습니다. 인터뷰는 퍼실리테이션 기본 과정을 이수하거나, 워크숍에 참여한 경험이 있는 분들을 대상으로 했습니다. 이 분들의 공통된 답변들이 있었습니다.

 "막상 본인이 퍼실리테이터가 되어 워크숍을 설계하고 퍼실리테이팅을 하려고 하니 어디서부터 어떻게 해야할지 모르겠다"

📢 "시중에 있는 책들은 퍼실리테이션방법, 도구 대한 내용은 많지만 구체적으로 그 도구를 쓸 때 앞 뒤에 어떤 내용들을 연계해야 할지 설명 되어있지 않아 아쉬웠다."

📢 "워크숍을 방법이나 단계별로 분절적으로 운영하는 것이 아니라 하나의 워크숍에서 유기적으로 연결될 수 있도록 어떻게 해야 하는지 알려주는 책이 있으면 당장 사서 읽겠다".

📢 "나무는 많은데 숲이 없어요… 방법을 찾으면 많이 나와요. 그런데 어떤 방법을 워크숍에서 쓰고 그 다음에 어떤 방법으로 워크숍을 해야 할 지… 워크숍에 연결해서 써야 할지 모르겠어요…"

책을 준비하면서 만난 퍼실리테이터 인터뷰를 통해 당연하게 생각했던 워크숍 퍼실리테이션에 대해 다시 생각하는 계기가 됐습니다. 워크숍 퍼실리테이션을 시작하거나 하고 싶은 사람들이 어떤 부분을 어려워하고 궁금해 하는 지 알게 됐습니다.

이 책에서는 퍼실리테이션 방법 외에도 어떤 상황에서 어떻게 사용 하는 것이 워크숍을 유기적으로 만들 수 있을지 고민하고 기술했습니다. 워크숍 퍼실리테이션을 처음 접하는 사람이라도 참여자들의 참여와 소통을 촉진할 수 있도록 내용을 다뤘습니다. 추가적으로 실제 워크숍 시나리오나 성공, 실패 사례들을 통해 현장감을 높였습니다.

이 책을 보다 효과적으로 읽기 위해서는 아래의 설명을 참고하길 바랍니다. 목차 순서대로 읽지 않더라도 워크숍 퍼실리테이션을 하면서 평소에 궁금하셨던 부분이 있으면 해당 부분을 먼저 읽어보기 바랍니다.

1장에서는 '퍼실리테이터는 어떻게 될 수 있나요?'라는 주제로 '퍼실리테이터'가 되는 방법과 전문성을 갖춘 퍼실리테이터가 되기 위해 많은 퍼실리테이터들이 관심 있어 하는 자격 인증에 대한 내용을 다뤘습니다. 조직 내에서 활동하는 퍼실리테이터인 저자의 경험을 담아 사내 퍼실리테이터의 역량 개발과 조직 관점의 퍼실리테이션 역동에 대해서도 다뤘습니다. 또한 워크숍 퍼실리테이터로서 항상 고민하는 잘하는 퍼실리테이터가 되고 잘된 워크숍을 하기 위해 고민했던 경험과 사례를 한국퍼실리테이터협회(KFA)의 역량을 기반으로 설명했습니다.

2장에서는 '워크숍 퍼실리테이션 준비하기'에 대한 내용을 다뤘습니다. 워크숍 퍼실리테이션에 대한 정의와 더불어 여행과 워크숍 퍼실리테이션의 공통점에 대해 다뤘습니다. 더불어 워크숍을 시작하는 단계에서 퍼실리테이터가 잊지 말고 챙겨야 할 체크리스트를 첨부했습니다. 워크숍 사전 준비시 진행되어야 할 인터뷰와 설계에 대한 내용도 다뤘습니다. 워크숍 준비의 중요성에 대해 공감할 수 있는 실제 워크숍 퍼실리테이션 사례를 구체적으로 담았습니다.

3장에서는 '워크숍 퍼실리테이션하기'라는 주제로 워크숍 시작부터 끝까지 고려해야 할 요소들과 퍼실리테이터가 하게 되는 고민들을 중심으로 작성했습니다. 이해를 돕기 위한 워크숍 성공과 실패 사례들을 단계별로 녹였습니다. 워크숍을 퍼실리테이션하며 매 순간 다뤄져야 할 '퍼실리테이터의 회고와 성찰'에 대해서도 다뤘습니다.

4장에서는 분야별 워크숍 시나리오 및 프로세스에 대한 내용을 구체적으로 다뤘습니다. 퍼실리테이터로 활동하게 되면 생각보다 다른 퍼실리테이터가 하는 워크숍에 참여할 기회가 많지 않습니다. 구체적으로 작성된 사례들을 통해 퍼실리테이터의 워크숍을 간접 경험하실 수 있으리라 기대합니다.

부록 파트에서는 워크숍 퍼실리테이션을 배우면서 도움이 되었던 책들과 필요한 도구에 대해 다뤘습니다. 워크숍 설계 시 자주 활용되는 방법들과 온라인 퍼실리테이션 툴은 쉽게 참고하실 수 있도록 부록에서 별도로 언급했습니다.

마지막으로 제가 퍼실리테이션을 너무 잘하고 모든 워크숍을 성공적으로 마무리해서 이 책을 쓰게 된 것은 아닙니다. 먼저 경험했던 사례들을 나눔으로써 다른 워크숍 퍼실리테이터 분들은 저와 같은 시행착오를 겪지 않길 바라는 마음에서 시작하게 됐습니다.

많은 퍼실리테이터들은 '다른 퍼실리테이터들은 워크숍을 어떻게 준비하고 어떻게 운영할까?'에 대해 궁금해합니다. 아쉽게도 워크숍 현장에서는 생각보다 다른 퍼실리테이터들의 경험과 노하우를 알 수 있는 기회가 많지 않습니다. 그렇다면 '내가 먼저 오픈 해 공유하면 어떨까?'라고 생각했고 그 생각이 책을 쓴 원동력이 됐습니다.

이 책을 통해 이미 많은 경험을 하신 퍼실리테이터 분들은 제 생각과 사례를 비교해 보면서 그 간의 워크숍을 돌아보는 기회가 되면 좋겠습니다. 어떻게 워크숍 퍼실리테이션을 시작해야 할지 고민했던 퍼실리테이터 분들은 고민했던 부분들을 함께 나누고 그 고민이 해결되기를 기대합니다.

이 책이 나오기까지 도와 주신 많은 분들에게 감사합니다. 먼저 퍼실리테이터로서 성장하는 데 많은 지원과 격려를 해주신 KT의 정인용 상무님, 저를 퍼실리테이터의 세계로 인솔해주신 인피플 컨설팅의 채홍미 대표님, 좋은 언니이자 멘토 그리고 퍼실리테이터로 늘 많은 조언을 아끼지 않는 ORP연구소의 유희재 상무님, 끊임없는 질문과 성찰로 늘 자극주신 박영준 소장님, 늘 진진은 다르고 특별하다며 따뜻한 격려와 조언을 해주신 심윤수 대표님, 엄마라는 축복된 경험이자 방황하는 커리어를 함께 쌓아가는 Gemma, 북퍼실리테이션을 통해 퍼실리테이션의 더 넓은 시야를 제공해주신 송원상 대표님 감사합니다. 그리고 이 책을 낼 수 있도록 도와주신 플랜비 가족 여러분 감사합니다.

저를 '박진'이라는 사람 자체로 존중해주고 사랑해주는 든든한 내편이자 내 반쪽 유철헌님과 사랑하는 아들 아인이, 며느리 책 쓸 시간 챙겨 주시느라 밤낮으로 애써주신 김춘자 여사님, 친언니 처럼 잘 챙겨주는 성현 언니, 사랑하는 아빠, 엄마이자 친구 같은 이모 고정륜님, 내 동생 선이, 민이 우리 가족들에게 감사의 인사를 전합니다.

그리고 이 책을 읽고 계신 독자 분들에게도 감사의 마음을 전합니다. 퍼실리테이션을 알고 있지만 어떻게 해야 할지 걱정이 앞서 시도 하지 못했던 퍼실리테이터분들께 첫 워크숍을 할 수 있는 용기의 밑바탕이 되는 책이 되길 바랍니다.

3장　워크숍 퍼실리테이션 하기

4장 워크숍 퍼실리테이션 실전 사례

1장

퍼실리테이터는 어떻게 될 수 있나요?

퍼실리테이터가 되려면
어떻게 해야 하나요?

✛ 평범한 직장인의 퍼실리테이터가 된 이야기

퍼실리테이터와 저의 인연은 신입사원 때 첫 부서에 발령받으면서부터였습니다. 제가 발령 받은 곳은 미국의 컨설팅 회사와 사내 혁신 프로젝트 수행을 위해 만들어진 부서였습니다. 주된 업무는 '5Lens' 방법론을 바탕으로 사내 직원을 교육하거나, 방법론을 적용한 프로젝트를 하는 것이었습니다. 인하우스(사내) 컨설팅 부서라고 불렸지만 프로젝트의 주된 내용은 워크숍을 설계하고 참여자들이 결과물을 도출하도록 돕는 일이었습니다.

부서에서 일 한지 2년 정도 지났을 무렵 인피플 컨설팅 '채홍미' 대표님의 퍼실리테이션 교육을 듣게 됐습니다. 1일차 교육이 끝나고 교육에서 배운 점과 느낀 점을 공유하는 부서 미팅을 했습니다.

함께 일했던 직원들 모두 "아! 이게 퍼실리테이션이구나!", "우리가 하는 일이 퍼실리테이터가 하는 일이구나!"라고 얘기했습니다. 아르키메데스가 목욕탕에서 황금의 밀도를 측정할 수 있다는 사실을 알고 '유레카!'를 외친 것처럼 말입니다. 입사 후 몇 년간 프로젝트 그룹에서 일을 하면서 '퍼실리테이션, 퍼실리테이터'라는 말을 부서 내에서 사용하지 않았습니다. 사실 퍼실리테이션이 무엇인지도 모르고 일을 했었습니다. 교육을 통해 퍼실리테이션이 무엇인지 알게 됐고, 그 이후 퍼실리테이터, 그리고 '워크숍 퍼실리테이션'이라는 말을 자주 사용하게 됐습니다. 그리고 제가 '퍼실리테이터' 라는 것도 알게 됐습니다.

약 3년의 시간이 지나고 해당 부서의 경험을 바탕으로 사내 교육에 퍼실리테이션을 적용해보고 싶다는 생각으로 그룹 교육 담당 부서로 이동했습니다. 그룹 신입사원 교육과 승진자 교육, 변화혁신 교육 등에 러닝 퍼실리테이션 과정을 설계하고 운영하면서 퍼실리테이션을 자연스럽게 업무에 적용할 수 있었습니다.

인하우스 컨설팅 부서와 교육 부서에서의 경험은 회사에서 퍼실리테이션이 일상화되는 밑바탕이 됐습니다. 회의에서는 기록자를 자원하기도 하고 토의를 활성화하기 위한 질문들을 고민하기도 했습니다. 자연스럽게 퍼실리테이터로서 성장하기 위한 미래를 생각했고 교육들을 들으면서 지식을 쌓아갔습니다.

2015년에는 회사에서 워크숍을 전담하는 부서가 생겼고, 그 동안 쌓았던 경험들을 바탕으로 보다 본격적으로 사내 퍼실리테이터로 활동하게 됐습니다.

입사 후 10년이 지나 스스로를 돌아보니 처음부터 '퍼실리테이터가 되야지!'라고 생각한 것은 아니었습니다. 업무에서 쌓은 경험들이 퍼실리테이션으로 연결됐고 경험들이 쌓여 자연스럽게 퍼실리테이터처럼 생각하고 행동하게 됐습니다.

저처럼 회사에서의 경험이 아니더라도 사람들 사이를 중재하거나 촉진하면서 자연스럽게 퍼실리테이터로 활동하고 계신 분들도 많을 것입니다. 각자 분야에서의 경험과 색깔을 퍼실리테이션에 녹여 낸다면 자신만의 색깔을 가진 퍼실리테이터가 될 것입니다.

✜ 퍼실리테이터는 어떻게 될 수 있나요?

주변에 '저는 퍼실리테이터입니다'라고 소개하면 '퍼실리테이터가 무슨 일을 하는 사람이에요?'라는 질문을 많이 받습니다. 퍼실리테이터는 2019년 한국직업사전에 등재[*]되었으며 회의나 교육 등의 진행이 원활하게 진행되도록 돕는 역할을 하는 사람입니다. 퍼실리테이터에 대한 설명을 듣고 나면 이어서 '어떻게 하면 퍼실리테이터가 될 수 있어요?'라는 질문을 합니다.

먼저 퍼실리테이터가 되기 위한 특별한 자격이나 요건은 없습니

---

[*] 퍼실리테이터 직무 개요 : 조직체의 역량개발, 개인변화, 문제해결, 갈등관리, 전략수립, 조직개발, 조직문화, 지역개발, 정책수립 등을 지원하기 위하여 의뢰자의 니즈를 파악하고 퍼실리테이션 운영방안을 마련하여 구성원의 의견과 최적의 해결책을 끌어내어 제시한다. (출처 : 워크넷, 한국직업사전https://www.work.go.kr/)

다. 원한다면 누구나 퍼실리테이터가 될 수 있습니다. 퍼실리테이터가 되고자 하는 대다수의 사람들은 먼저 전문 기관에서 교육을 이수합니다. 기본 과정은 퍼실리테이션에 대한 정의, 방법론, 도구, 사례 등의 내용으로 24시간 동안 진행됩니다.

'협회에서 인증한 교육을 들어야만 퍼실리테이터로 활동할 수 있나요?'라는 질문을 받기도 합니다. 교육은 한국퍼실리테이터협회 (KFA) 인증 교육이 아니더라도 희망하는 기관에서 받으면 됩니다. 인증 심사 응시 계획이 있다면 관련 협회 인증 기관에서 교육 이수 시 인증 심사(CF, CPF[*])에서 요구하는 교육 이수 시간을 충족할 수 있습니다. 물론 퍼실리테이터로 활동하기 위해 꼭 인증 자격이 있어야 하는 것은 아닙니다. 인증 자격이 있다면 퍼실리테이션 커리

---

[*] 한국퍼실리테이터협회(KFA)에서 인증하는 자격으로 CF(Certified Facilitator)와 CPF(Certified Professional Facilitator)가 있음

어나 전문성에 대해 별도로 설명하지 않더라도 쉽게 증명할 수 있습니다. 또 협회에서 제공하는 워크숍에 지원해 퍼실리테이터로 활동할 수도 있습니다. 무엇보다 나의 퍼실리테이션 전문성을 검증하는 기회로 삼을 수 있어 인증 심사에 응시하는 사람이 점차 증가하고 있습니다.

교육을 들었다면 이제 실전입니다. 퍼실리테이터로서 현장에서 워크숍을 하는 것 입니다. 사외의 경우 퍼실리테이터가 직접 제안을 하거나 협회 공모에 직접 지원을 해서 워크숍을 할 수 있습니다. 사내 퍼실리테이터의 경우 내부 수요에 따라 워크숍 퍼실리테이터로 바로 활동하기도 합니다. 교육 이수 후 바로 퍼실리테이터로 현장에서 활동하면 좋겠지만 아쉽게도 현실은 한 두 번 교육이수 만으로 기회가 오지 않을 수도 있습니다. 이 경우 지역에서 시행되는 리빙랩(Living Lab)*, 원탁회의 등에 테이블 퍼실리테이터나 Co 퍼실리테이터로 참여해 경험을 쌓을 수 있습니다. 크고 작은 워크숍에서 지속적으로 워크숍 퍼실리테이션을 경험하다 보면 어느새 멋진 퍼실리테이터가 돼 있을 것입니다.

---

* 리빙랩은 MIT 윌리엄 미첼 교수가 처음으로 제시한 개념으로 '살아있는 실험실', '일상생활 실험실', '우리 마을 실험실' 등으로 해석됩니다. 사용자가 직접 나서 문제를 발견하고 해결해 나가는 '사용자 참여형 혁신 사업'을 말한다.

퍼실리테이션 자격증은
어떻게 하면
취득할 수 있나요?

✛ 인도로 퍼실리테이션 자격증을 따러 간다고?

입사 후 사내 퍼실리테이터로서의 역할을 수행하면서 사람들과의 소통을 통해 결과물을 만들어 나가는 일이 즐겁다는 것을 깨달았습니다. 내가 주인이 되는 아이디어도 좋지만 다른 사람들의 참여를 촉진하고 결과물을 만들 수 있도록 도와주는 데 더 큰 성취를 느낀다는 것도 알게 됐습니다. 이 즐거운 일들을 보다 체계적으로 잘 하고 싶어 전문 자격에 대한 정보를 찾아봤습니다. 국내의 한국퍼실리테이터협회(KFA)와 캐나다를 기반으로 한 국제퍼실리테이터협회(IAF)가 있다는 것을 알게 됐습니다. 이왕 도전하는 자격이라면 어렵겠지만 글로벌하게 인정받는 국제퍼실리테이터협회(IAF)

의 자격인 CPF를 취득하고 싶었습니다. 2013년에 처음 인증 자격을 알았지만 '과연 내가 할 수 있을까?'라는 걱정이 앞섰고 생각만으로 2년이 흘렀습니다. 더 이상 미루면 IAF CPF를 취득할 수 없을 것 같다는 생각이 들어 파이팅 넘치는 도전을 시작했습니다.

첫 단계로 2015년 초 자격 응시를 위해 시험 장소와 일정을 협회 사이트에서 확인했습니다. 캐나다와 유럽 그리고 아시아에서는 싱가포르와 인도 일정이 있었습니다. 국제 인증심사는 응시료는 물론이고 협회비, 심사를 위해 해당 국가로 이동 해야 할 경우 이동 수단을 포함한 숙박 등의 여행 경비 전체를 개인이 부담해야 합니다. 또 인증심사 전 프로세스를 한국어가 아닌 다른 언어로 준비해야 하기 때문에 시험 장소에 대한 고민이 많았습니다.

응시 장소 선정을 위한 첫 번째 조건은 영어로 시험을 응시할 수 있는 곳이었습니다. 서류 작성부터 인터뷰, 워크숍까지 전 일정을 한 언어로 진행하기 때문에 어떤 언어를 시험 볼 때 사용할 수 있는지가 중요했습니다. 일부 인증의 경우 장소에 따라 중국어와 독어, 스페인어 등의 언어로 시행되기도 합니다. 어학 시험이 아니기 때문에 응시자가 원한다면 자비 부담으로 통역을 동행할 수 있다는 애기도 들었습니다. 그렇지만 통역을 통해 30분 워크숍을 시연하고 참여하는 것은 퍼실리테이터로서의 역량을 100% 발휘하기 어려울 수도 있겠다는 생각이 들었습니다. 유창함을 떠나 퍼실리테이터로서 참여자와의 역동이 있어야 하는데 통역을 통해 한 템포 쉬어가고, 통역사의 언어를 통하게 되면 다소 아쉬울 것 같았습니다. 원어

민의 유창함은 아니지만 영어로 시험을 본다면 퍼실리테이터로서 참여자들과 소통하고 역동을 느낄 수 있을 것이라 판단해 중화권과 유럽권을 제외하고 응시 장소를 고민했습니다.

두 번째 조건은 여름 휴가를 대신해 갈 수 있는 곳이었습니다. 결혼을 하고 나니 혼자서 시험 보러 간다고 해외를 가는 것이 신랑에게 살짝 미안했습니다. 저희 부부가 여행을 너무 좋아하기도 하고 날짜가 맞다면 신랑이 함께 동행하는 것도 좋겠다고 생각했습니다. 다행히도 모험적인 여행을 선호하는 저희 부부에게 응시 장소로 '인도'는 너무 매력적인 나라였습니다. 신랑과 상의 후 망설임 없이 인증시험 장소로 인도를 선정했습니다. 그렇게 인증시험과 여름휴가를 위한 각자의 준비가 시작됐습니다.

시험 장소를 선정했다면 IAF 홈페이지에서 각 이벤트(시험) 담당자 이메일을 확인해 응시 희망 메일을 보냅니다. 담당자에게 인증 시험 관련 안내를 받고 전형 일정에 맞춰 서류를 제출하면 됩니다.

시험은 크게 온라인에서 진행되는 Stage1과 시험 당일 오프라인에서 진행되는 Stage2로 나뉩니다. Stage1의 경우 Part1과 Part2로 나뉩니다. Part1은 시험 신청서를 메일로 보내고 응시료를 결제하는 것입니다. 제가 응시했던 2015년 응시료는 1500달러였고 협회비는 별도였습니다. 시험 접수가 끝나면 Part2 서류 접수 관련 안내 메일이 옵니다. 이 단계부터 본격적으로 심사가 진행된다고 생각하면 됩니다. Part1에서 Part2까지는 한 달 정도 소요됐습니다. (저의

경우 5월 18일까지 시험 신청서 및 응시료 결제, 6월 18일까지 Part2 서류 제출)

Part2는 퍼실리테이션 경험을 기술한 서류와 교육 이수 내역 및 관련 자료를 메일로 제출합니다. 교육의 경우에는 퍼실리테이션 교육을 포함해 퍼실리테이터로서 성장하는데 도움이 되었거나 영감을 준 교육을 썼습니다. 예를 들면 사람을 이해하고 사람 사이의 소통을 촉진해 결과물을 만들도록 돕는 과정에서 필요한 교육이나 세미나, 워크숍 등을 작성하면 됩니다. 저의 경우 창의력 관련 워크숍이나 에니어그램, MBTI 등도 리스트에 작성했습니다. 참고로 퍼실리테이션 교육의 경우 국내 협회와 달리 필수로 이수해야 되는 교육은 없습니다. 작성한 경험들은 영어로 번역된 수료증이나 증명서 등을 메일로 첨부해야 합니다. Part2 서류 중 퍼실리테이션 역량을 중심으로 1500단어 내외로 퍼실리테이션한 워크숍을 구체적으로 기술하는 부분이 많은 시간이 소요됩니다. 이에 워크숍 기술서는 미리 작성하는 것이 좋습니다. 저의 경우에는 국내 시험을 치르지 않고 국제시험에 바로 응시했기 때문에 작성에 대한 요령도 없었고 작성하면서 도움을 받을 곳이 없어 특히 시간이 많이 걸렸습니다. IAF CPF를 먼저 취득하신 분들께 연락해 조언을 부탁을 드리기도 했습니다. 감사하게도 워크숍 단계별로 퍼실리테이션 역량을 어떻게 발휘했는지 구체적으로 기술하는 것이 좋다는 팁을 받을 수 있었습니다. 팁을 바탕으로 사전 준비부터 워크숍 종료 후까지 구체적으로 작성했습니다. 잘한 점뿐만 아니라 워크숍을 설계하거나 퍼실리테이션하면서 겪었던 시행착오에 대해서도 작성했고, 이런 과정들을 통해 퍼실리테이터로서 어떤 부분을 배웠는지에 대해 기술했습니다. 한글로 작성 후 번역을 의뢰했고 번역 후에는 제가 문맥 및 단어 수에 맞게 2차 수정을 해서 서류를 제출했습니다. Part2 서류를 제출하고 한 달 뒤 합격 여부를 메일로 받았습니다. 합격일 경우 Stage2로 넘어가 오프라인 시험에 응시할 수 있습니다. 떨어질 경우에는 50% 응시료를 내고 다음 시험에 재응시 할 수 있습니다. 시험을 준비하며 이 한 달이 얼마나 길게 느껴졌는지 모릅니다. 막연하게 한 달 뒤라고 생각하고 기다렸지만 정확한 날짜를 확인하기 위해 메일로 언제 발표가 나는지 물어보기도 했습니다.

감사하게도 합격 메일을 받았고 Stage2를 준비했습니다. 이 단계부터는 Assessor, Assessor Client라 불리는 2명의 심사위원들과 Stage2 단계를 함께 준비하게 됩니다. 응시자마다 Assessor가 다를 수 있습니다. Assessor는 Stage2 메인 심사 위원이고 Assessor Client는 워크숍 고객 역할을 수행합니다. 제가 응시 했을 당시에는 한 명의 Assessor가 Assessor Client 역할까지 1인 2역을 수행했습니다. 그러다 보니 한 사람에게 메일을 보내는데 상황에 따라 수신인을 Dear. Assessor 또는 Dear. Assessor Client로 보냈습니다. 처음에 메일을 보내면서 고객에게 해야 할 말을 심사위원에게 하기도 하고 반대로 메일을 보내기도 했습니다. 소통에 오해가 있었던 부분을 인터넷 전화를 통해 설명했고 잘못 이해하고 있었던 부분을 대화를 나누면서 제대로 이해할 수 있었습니다. 저의 경우에는 영

퍼실리테이션을 만나다

어로 글쓰기보다는 말하기를 선호하는 편이라 대화를 통해 소통하고 나니 다음 단계부터는 보다 수월하게 진행할 수 있었습니다. 저처럼 글쓰기가 익숙하지 않다면 기본 소통은 메일로 하고 전화로 내용을 확인하는 것도 언어의 장벽을 줄이는 데 도움이 됩니다. 이후 메일부터는 워크숍 심사에 대해 궁금할 때는 Assessor, 워크숍 설계와 관련해 고객의 의견이 필요할 때는 Assessor Client라고 메일을 제대로 보냈습니다.

제가 Assessor에게 보낸 첫 번째 메일은 IAF에서 보내준 36개의 주제 중 한 가지를 선택해 회신한 것입니다. 선정했던 주제는 "Incorporating more fun and play at work"입니다. 선정한 주제를 바탕으로 가상의 워크숍 상황과 참여자를 설정합니다. 예를 들어 참석자를 입사 후 10년 차 이내의 직원이라고 한다면 워크숍 시연 당일 참여자들은 모두 입사 후 10년 차 이내의 직원인 것처럼 생각하고 워크숍에 참여하게 됩니다. 워크숍 설계를 위해 필요한 내용들은 Assessor Client에게 메일을 보내 워크숍 준비 할 때 확인이 필요한 사항에 대해 질문했습니다. 워크숍 참여 경험이나 업무 분위기 등을 물어봤습니다. 한 달 간의 시간 동안 워크숍을 준비하면서 Stage2를 기다렸습니다.

전문 컨설팅 회사를 다니거나 퍼실리테이션이 회사에서 주 업무가 아니었기 때문에 준비하는 시간이 촉박했습니다. 당시 저는 교육 부서에서 그룹 신입사원 교육 업무를 하고 있었습니다. 원주에서 이뤄지는 합숙훈련이었기에 업무가 끝난 매일 밤 주고받은 메일들을 확인하면서 워크숍을 준비했습니다. 원하는 주제를 선택했고, 추가로 인터넷 전화로 Assessor Client와 소통해 워크숍은 순조롭게 설계했습니다. 워크숍 설계는 끝났지만 곧 시험이라고 생각하니 우려되는 점이 있었습니다. 바로 영어로 30분짜리 워크숍을 해본 적이 없다는 것입니다. 출퇴근 업무였다면 퇴근시간을 활용해 시뮬레이션을 했겠지만 원주에 한달 가량 합숙을 했기 때문에 불가능한 부분이었습니다. 심지어 교육은 금요일에 끝나고 바로 다음날인 토요일에 비행기를 타야 하는 촉박한 일정이었습니다. 틈틈이 주변의 선후배와 지인들을 수소문했고 금요일 광화문에서 수료식이 끝나고 바로 워크숍을 하기로 했습니다. 저녁시간이었지만 고맙게도 흔쾌히 도와 주기로 한 지인들과 워크숍 시뮬레이션을 했습니다. 실제 워크숍에 사용할 이젤 패드와 도구들을 준비해 30분 시간에 맞춰 영어로 진행했습니다. 워크숍 시연이 끝난 후 보다 매끄러운 워크숍을 위해 피드백을 받았습니다. 피드백을 바탕으로 사용한 카드에 텍스트를 추가하고 복잡한 설명은 제거 했습니다.

설레고 걱정되는 마음으로 비행기를 탔고, 인도에 도착했습니다. 시험 일정에 맞춰 휴가를 내고 비행기 티켓팅을 했지만 동행과 함께하는 여름 휴가도 있었기에 모든 여정을 제 시험준비에 보낼 수는 없었습니다. 시험 5일 전 인도의 수도인 델리에 도착해 빠하르간지를 포함해 델리를 둘러보고 타지마할이 있는 아그라를 여행했습니다. 3년 만에 찾은 인도는 여전히 사람이 많고 바쁘고 타지마할은 너무 멋있었지만 제 마음은 시험 생각으로 계속 뒤숭숭했습니다. 3

일 간의 시간을 보낸 후 뭄바이로 국내선을 타고 이동했습니다. 매년 2~3개국의 여행을 다니면서 주로 묶는 숙소는 호스텔 급이었지만 시험 전날 숙면과 편안한 마음가짐을 위해 큰맘 먹고 호텔을 예약했습니다. 저녁 늦게 도착한 호텔의 컨디션은 좋았고 준비해온 워크숍 준비물(이젤패드, 마커, 네임펜, 포스트 잇 등등)을 펼쳐놓고 머릿속으로 워크숍을 다시 시뮬레이션 했습니다. 워크숍 시연을 위한 준비물을 협회에서 일부 준비해주기도 하지만 저는 만약을 대비해 스스로 다 준비해갔습니다.

시험 당일에는 신랑의 배웅으로 일찍 도착해 호텔(시험 장소)을 둘러보며 마음을 가다듬었습니다. 먼저 온 사람들과 심사위원들을 만나 'Hello'로 인사 했습니다. 인사 후 대화를 하면서 편안한 분위기에 놀랐고 긴장이 풀렸습니다. 시험이라는 생각에 딱딱한 분위기를 예상했지만 Assessor들은 너무 다정하게 대해줬고 어디서 왔는지 어떻게 왔는지 인도 여행은 어떻게 하고 있는지 등등의 얘기들을 나누면서 시험 시작을 기다렸습니다.

2015년 뭄바이 자격 응시는 총 12명이 응시했고 Day1에는 저를 포함해 6명의 응시자가 있었습니다.

[그림 1] 2015 IAF CPF 뭄바이 인증시험 응시자들과 함께

전체 응시자 중 저만 한국 사람이었고 대다수가 인도 사람이었습니다. 응시자들끼리 서로 인사하고 어떤 주제에 대해 준비했는지 얘기를 나누면서 순서를 기다렸습니다.

첫 번째 시험은 30분 간의 1차 인터뷰였습니다. Stage1에서 제출했었던 내용을 바탕으로 퍼실리테이션 경험과 역량을 검증하는 인터뷰입니다. 응시자 1명과 Assessor 2명이 함께 진행합니다. 긴장되긴 했지만 평소에 생각하는 내용들을 차분하게 설명했습니다. Assessor의 질문을 명확히 이해하지 못한 부분은 재질문을 하기도 했습니다. Assessor들은 친절하게 풀어서 설명해줬고, 당황하지 않고 답변할 수 있었습니다. 응시자 별 30분간의 인터뷰가 진행되는 동안 대기 장소에 앉아 워크숍 시연을 준비했습니다.

기다리던 워크숍 시연을 시작했습니다. 각 워크숍 시연은 30분 간 진행되고 워크숍이 끝나면 다음 워크숍 준비를 위해 10분 간 쉬는 시간을 가졌습니다. 워크숍을 퍼실리테이션 중이더라도 30분이 지나면 시연을 종료하기 때문에 응시자들끼리의 합이 중요했습니다. 어떤 응시자들이 시험을 보는가에 따라 매번 분위기가 다르다고 하는데, 다행히 제가 응시했던 기수에는 서로 격려하고 준비를 도와주면서 화기애애하게 준비시간을 가졌습니다. 저는 세 번째 시연이었는데 제 앞에 시연한 퍼실리테이터가 30분을 넘기자 정말 칼 같이 워크숍 시연을 중지시켰습니다. 참여자들의 분위기는 경직됐고, 긴장된 분위기에서 워크숍을 시연했습니다. 제가 시연했던 워크숍에는 응시자 5명과 Assessor 2명이 참석자로 참여했습니다. Assessor 중 한 명이 워크숍에 방해가 될 정도로 질문을 하기 시작했습니다. 아마도 워크숍을 방해하는 참여자에게 어떻게 대응하는지 확인하려고 했던 것 같습니다. 한 두 가지 질문에는 직접 답하고 이후 2개 정도의 질문에는 참여자들의 답변을 구했습니다. 계속되는 질문에 워크숍 프로세스와 시간에 대해 언급하며 파킹랏(Parking Lot)* 에 붙여두면 워크숍 끝난 후 같이 얘기하자는 내용도 덧붙였습니다. 또 다른 Assessor는 주어진 시간을 계속 초과해 발언했습니다. 당황했지만 어느 정도의 시간이 필요한지 물어봤고 워크숍을 진행할 수 있는 시간 내에서 짧은 시간이라도 할애했습니다. 30분이 어떻게 지나갔는지 모를 정도로 빠르게 지나갔고 제 몸은 땀으로 젖었습니다. 아쉬운 점들도 있었지만 정해진 시간 안에 워크숍 시연을 마무리했다는 것에 만족하며 다른 응시자들의 워크숍에 참여했습니다. 제 워크숍 시연이 끝난 후 다른 응시자들의 퍼실리테이션에 참여하는 것은 너무 인상 깊었습니다. '30분 동안 가능할까?' 했던 도구나 방법들을 워크숍에서 시연하는 응시자들을 보며 많은 자극과 동기부여를 받을 수 있었습니다. 월드카페** 를 30분에 시연하는 응시자를 보면서, '와, 정말 대단하다. 퍼실리테이터가 어떻게 설계하는가에 따라서 정말 다양한 프로세스와 결

---

* 파킹랏(Parking lot)은 워크숍 주제와 거리가 있어 이번에는 다루지는 않지만 추후 함께 논의 할 수 있도록 내용을 적거나 별도 공간에 부착할 수 있도록 하는 활동

** '월드카페'는 일정 시간 동안 작은 그룹(테이블)을 중심으로 모여 질문에 대한 의견을 나누고 정해진 시간이 지나면 다른 테이블로 이동 해 의견을 나누는 방식입니다. 월드카페 원칙은 1. 카페처럼 편안한 공간 2. 모든 참여자들이 다양한 관점에서 참여 3. 질문에 기반해 나눈 경험/발견들을 서로 자유롭게 공유 4. 참여자들끼리 서로 경청하고 연결하는 것 입니다.

과물이 나올 수 있구나!'라고 느꼈습니다.

워크숍 시연이 끝난 후에는 잠시 쉬는 시간을 갖고 2차 인터뷰를 진행했습니다. 1차 인터뷰와 마찬가지로 30분 동안 진행됐습니다. 2차 인터뷰에서는 시연했었던 워크숍에 대한 질문과 참여한 워크숍에 대한 질문 등을 합니다. 예를 들면 '어떤 방법을 사용했고, 왜 썼는지, 실제로 써보니 어땠는지, 다음에도 같은 방법을 사용할 것인지' 등 입니다. 저의 경우 1차 인터뷰 때 '퍼실리테이션 철학'에 대한 질문을 받았었는데 답변이 아쉬운 것 같아 2차 인터뷰 때 그 부분에 대해 다시 설명하기도 했습니다. 인터뷰가 끝나면 잠시 쉬는 시간을 갖고 인증 심사 결과에 대해 바로 알려줍니다. 이 때 심사 결과와 더불어 퍼실리테이터로서 어떤 역량을 잘 발휘했는지 그리고 어떤 부분을 보완하면 좋을지 등의 피드백도 받을 수 있습니다. "Jin, Congratulation"이라는 말과 함께 합격서를 받았습니다. 합격을 듣자 마자 저도 모르게 울컥해서 "Thank you"를 연발했습니다. 다행히 당일 응시한 모든 사람들이 합격했고 서로 축하 인사를 나눴습니다. Assessor들은 응시자들끼리 분위기가 좋아 서로 좋은 기운을 나눠준 것 같다며 모두 축하한다고 인사 했습니다. 시험 종료 후 컨퍼런스에 참석 해 Day2에 시험 본 응시자들은 6명 중 2명만 합격했다는 얘기를 들었습니다. Assessor의 말처럼 좋은 응시 동료들을 만나 좋은 기운으로 함께 합격한 것 같아 기분이 너무 좋았습니다. 합격 인증서는 2달 내외로 받을 수 있으며, 인증 심사 종료 후 인증심사 결과에 대해 IAF 역량(부록 참조) 기반으로 20

[그림 2]

페이지 내외의 피드백을 받을 수 있습니다.

주변에서 IAF CPF에 도전한다면 이 두 가지는 사전에 꼭 해보라고 권합니다. 퍼실리테이션 역량에 대한 이해와 워크숍 시뮬레이션입니다. 서류 준비 단계부터 나는 어떤 퍼실리테이터 인지 그리고 퍼실리테이터로서 어떤 역량*을 발휘하고 경험했는지 작성합니다. 작성한 서류를 바탕으로 인터뷰가 진행되고 또 추가 질문들이 이뤄지기 때문에 '나는 어떤 퍼실리테이터 인가? 퍼실리테이터로서 어떤 역량을 어떻게 워크숍에 녹여 내고 있는가?'를 스스로 고민해보면 좋겠습니다. 두 번째는 워크숍 시연 사전 시뮬레이션 입니다. 모든 워크숍이 그렇듯 설계한대로 진행되지 만은 않습니다. 30분의 시간 동안 오프닝부터 클로징까지 전체 프로세스를 퍼실리테이션해야 하기 때문에 촘촘한 설계와 준비는 기본이 되어야 합니다. 시뮬레이션을 통해 불필요한 소통을 줄이고 참여를 촉진할 수

---

* [부록5]에서 IAF 핵심 역량에 대해 다룸

있는 아이디어를 얻을 수 있을 것입니다. 그리고 시뮬레이션을 영어로 할 수 있다면 실제 시험처럼 영어로 해보는 것이 좋습니다. 원어민이 아니라 유창할 필요는 없지만 참여자들이 잘 참여할 수 있도록 원활한 내용 전달과 소통이 이뤄져야 하기 때문에 사전 시뮬레이션에서 이 부분을 검토하는 것도 좋습니다.

국제 인증의 경우 국내에 취득한 사람이 많지 않기 때문에 많은 비용을 치르더라도 희소성 자체로 의미가 있을 수 있습니다. 인증 심사 응시를 통해 전 세계의 퍼실리테이터를 만나고 퍼실리테이터들의 압축된 역량을 경험할 수 있는 30분의 워크숍에 참여할 수 있다는 것은 너무 멋진 경험이 될 것입니다. 또 아쉽게 자격 취득을 못하더라도 인증 심사 위원으로부터 퍼실리테이터로서의 피드백을 받을 수 있다는 것만으로도 도전하는 것에 큰 의미가 있을 것입니다. 참고로 2020년 11월부터는 CPF 인증 시험을 온라인으로도 응시할 수 있습니다. 응시의 폭이 더 넓어진 만큼 새로운 도전을 해보시면 어떨까요?

✛ 국제퍼실리테이터협회(IAF)에서 인증 자격 안내

인증 자격은 CPF(Certified Professional Facilitator, 인증전문퍼실리테이터)라 부르고 있으며, CPF의 경우 CPF, CPF Master와 CPF Emeritus 개의 인증이 있습니다.

여기에서는 CPF에 대해서 설명하도록 하겠습니다.

퍼실리테이션을 만나다

구 분	내 용
자격 인증	CPF(Certified Professional Facilitator)
응시 자격	IAF 역량 기반 지식 및 워크숍 시연 능력, IAF 협회 멤버, 7개 이상의 워크숍 경험
구비 서류	신청서(홈페이지 다운로드), 퍼실리테이션 연관 자격증 및 이수 교육 수료증, 퍼실리테이션 실행 확인서, 퍼실리테이션 기술서(1500단어 이상)
응 시 료	2500$ (협회비 별도)
인증 기관	국제퍼실리테이터협회 https://www.iaf-world.org/site/
인증 절차	서류접수 (stage Ⅰ)　　사전인터뷰-워크숍 시연- 최종 인터뷰 (각30분) (stage Ⅱ)　　인증결과 당일통보
비 고	특별한 사유가 있을 경우 350$를 내고 인증 연기 가능 Stage2(Part Ⅰ & Part Ⅱ) 서류 제출 이전에 취소를 원할 경우 350$만 환불 불합격 시 6개월 이내 할인된 인증료로 재응시 가능 자격은 4년마다 갱신 해야 하며, 400$ 재인증 응시료가 있음

✛ 자격증 어떻게 취득할 수 있나요?

　자격 인증이 필수는 아니지만 점차 자격 인증을 받는 사람들이 많아지고 있습니다. 저의 경우 퍼실리테이션 전문성을 검증하는 기회로 삼고자 2015년 인도 뭄바이에서 열리는 국제퍼실리테이터협회(IAF)의 CPF(Certified Professional Facilitator) 인증 심사에 도전해 인증 받았습니다. 이후 2018년에 한국퍼실리테이터협회(KFA)의 CPF(Certified Professional Facilitator) 인증을 받았습니다.

　여기에서 설명하는 자격 인증은 앞서 다룬 IAF CPF 인증을 제외한 한국퍼실리테이터협회의 내용입니다. (2020년 8월 기준) 퍼실리테이터 자격 인증 목적은 '일정한 역량을 갖춘 퍼실리테이터인지 객관적으로 알게 하고, 퍼실리테이터들이 그러한 역량을 발전 시키도록 돕는데' 있습니다.

　한국퍼실리테이터협회에서 인증하는 자격은 CF(Certified

Facilitator, 인증퍼실리테이터)와 CPF(Certified Professional Facilitator, 인증전문퍼실리테이터) 두 가지가 있습니다. 자격 취득은 CF(인증퍼실리테이터) 취득 후 CPF(인증전문퍼실리테이터)에 응시할 수 있습니다.

인증을 위한 첫 번째 단계는 서류 준비입니다. 지원자들이 많은 시간을 할애하는 부분은 '퍼실리테이션 실행 경험 기술서'를 작성하는 것입니다. 하나의 워크숍 퍼실리테이션 실행 경험을 1500단어~2500단어 이하의 분량으로 구체적으로 기술하는 것이 주 내용입니다. 작성 방법은 퍼실리테이션 역량을 각 단계에 어떻게 적용했는지 기술하는 것입니다. 예를 들면 퍼실리테이터로서 고객과의 관계는 어떻게 형성했는지, 각 단계별로 어떤 기법이나 도구를 썼는지 기술합니다. 워크숍을 하면서 퍼실리테이터로서 어떤 역할을 했는지, 갈등이나 돌발 상황이 있었을 때 어떻게 해결했는지에 대해서도 작성합니다. 한국퍼실리테이터협회 CF, CPF 응시자 모두 '퍼실리테이션 실행 경험 기술서'를 제출했지만 2020년 8월 이후에는 CF 응시자에 한해 제출하는 것으로 변경되었습니다.[*]

서류를 통과했다면 두 번째 단계는 인증 심사 당일 시행하는 인터뷰 입니다. 제출한 서류에 대한 내용을 검증하고 퍼실리테이터로서 철학이나 생각을 질문합니다. 특히 제출한 서류를 기반으로 어떻게 워크숍을 준비하고 퍼실리테이팅 했는지 구체적인 질문으로 퍼실리테이션 역량을 검증합니다. 제출한 기술서를 바탕으로 예상

---

[*] IAF CPF 인증자격 취득자의 경우 KFA CF를 취득하지 않더라도 KFA CPF에 응시가능하며, '퍼실리테이션 실행 경험 기술서'를 제출해야 합니다.

질문 리스트를 만들어 준비한다면 도움이 될 것 입니다. 또 스스로 생각하기에 퍼실리테이터로서의 약점이 있다면 그 부분을 어떻게 보완할지, 어떤 퍼실리테이터가 되고 싶은지에 대해 미리 생각해 보는 것도 좋습니다. CF의 경우 30분의 인터뷰 심사를 진행합니다. CPF의 경우에는 워크숍 시연 전 20분의 사전 인터뷰를, 시연 후에는 20분의 사후 인터뷰 심사가 진행 됩니다.

세 번째 단계는 CPF 자격 인증에만 해당됩니다. 인터뷰가 끝나고 나면 30분의 '워크숍 시연'과 '워크숍 참여'를 하게 됩니다. 워크숍 시연의 경우 심사 전날까지 전담 심사위원과의 커뮤니케이션을 통해 워크숍 주제와 가상의 상황(워크숍 주제, 배경, 참여자 등) 등을 설정해 30분 워크숍 설계를 합니다. 심사 당일에는 30분의 워크숍 시연과 다른 지원자들이 준비한 워크숍에 참여합니다. 심사에서는 퍼실리테이팅하는 모습뿐만 아니라 워크숍 참여자로서 어떻게 참여하는지도 포괄해서 평가합니다. 개인적으로는 전체 인증 프로세스를 통틀어 이 과정이 가장 많이 배우고 자극 받는 시간이라고 생각합니다.

네 번째 단계는 20분 간의 사후 인터뷰입니다.

2020년 8월 1일부터 추가된 심사과정으로 진행 방법은 앞서 다룬 IAF CPF 인터뷰와 유사합니다.

인증시험이 끝나면 한 달 내외로 합격여부와 피드백을 받게 됩니다. 합격했다면 협회 가입 후 CPF로 활동을, 불합격했다면 피드백을 바탕으로 재인증 심사에 도전할 수 있습니다.

구 분	내 용
자격 인증	CF(Certified Facilitator, 인증퍼실리테이터)
응시 자격	협회가 인증하는 교육을 24시간 이상 수료, 4명 이상 그룹 대상 5회 이상, 10시간 이상 퍼실리테이션을 수행
구비 서류	신청서(홈페이지 다운로드), 이력서, 교육 및 자격 이수 확인서, 퍼실리테이션 실행 확인서, 퍼실리테이션 실행 경험 기술서(1,500단어 이상), 워크숍 실행 확인서
응 시 료	20만원 (협회비 별도)
인증 기관	한국퍼실리테이터 협회 https://www.facilitator.or.kr:448/main/
인증 절차	CF자격 인증절차 서류접수 / 서류심사 결과통보 / 인터뷰 (30분) / 최종결과 통보
비 고	불합격 시 1회에 한하여 50%의 응시료를 내고 재응시 가능

구 분	내 용
자격 인증	CPF(Certified Professional Facilitator, 인증전문퍼실리테이터)
응시 자격	협회가 인증하는 교육을 40시간 이상 수료(CF 24시간 포함), 4명 이상 그룹 대상 10회 이상 퍼실리테이션을 수행
구비 서류	신청서(홈페이지 다운로드), 이력서, 교육 수료증 사본, 교육 및 자격 이수 확인서, 퍼실리테이션 실행 확인서, 워크숍 실행 확인서
응 시 료	60만원 (협회비 별도)
인증 기관	한국퍼실리테이터 협회 https://www.facilitator.or.kr:448/main/
인증 절차	서류접수 / 서류심사 결과통보 / 사전인터뷰 (20분) / 워크숍시연 (30분) / 사후 인터뷰 (20분) / 최종결과 통보
비 고	불합격 시 1회에 한하여 50%의 응시료를 내고 재응시 가능

퍼실리테이션을 만나다

퍼실리테이션을 하면
모든 문제가 해결되나요?

퍼실리테이터 양성 과정을 운영하다 보면 꼭 나오는 이야기가 바로 "퍼실리테이션이 특별한 게 아니네요? 저는 이미 퍼실리테이션을 하고 있는 것 같아요"입니다. 교육생의 말처럼 실제로 우리 일상 속에 많은 회의와 워크숍, 포럼 등에 퍼실리테이션이 녹아 있습니다. 어쩌면 제 경우처럼 퍼실리테이션 인지 모르고 적용해 이미 일상 속 깊이 퍼실리테이션과 함께 생활하는 분들도 있을 것입니다.

늘 퍼실리테이션과 함께 하면서도 많은 사람들은 퍼실리테이션을 적용한 워크숍을 하자고 합니다. 왜 그럴까요?

가장 수요가 많은 교육이나 프로젝트 담당자 관점에서 그 이유를 들어보겠습니다. 첫 번째 이유는 워크숍 퍼실리테이션을 통해 포스트 잇을 붙이고 그림을 그리는 다양한 활동을 하면서 참여를 촉진할 수 있습니다. 함께 만드는 교육과 프로젝트라는 데에 그 의미를 둘 수 있을 것입니다. 두 번째 이유는 활동 결과물을 워크숍 장소 가득 게시 해 많은 일을 한 것처럼 보여줄 수 있습니다. 세 번째 이유는 기존에 했던 것과 다른 방식으로 새로운 것을 적용해 보고 싶은 경우입니다. 마지막 이유는 몇 번의 자체 워크숍을 시행하다 결과가 아쉬웠던 경우 입니다. 외부 사람(퍼실리테이터)를 불러 새로운 관점으로 다른 결과물들을 내고 싶기 때문입니다. 이러한 다양한 이유들로 퍼실리테이션에 대한 요구가 많아지고 또 시행되고 있습니다.

과거 '식스시그마(Six Sigma)'가 유행할 땐 모든 일에 '식스시그마'를 하면 다 해결될 것 같은 분위기였고 '트리즈(Triz)'가 열풍일 때는 어느 기업할 것 없이 '트리즈'를 적용했습니다. 최근의 '애자일(Agile)'에 이르기까지 시대별 다양한 방법론들이 만병통치약처럼 회자되고 있습니다. 어떻게 보면 이 모든 방법론을 아우르는 것이 바로 '퍼실리테이션'입니다. 그래서인지 제 주변 사람들은 사내·외에서 어떤 이슈가 있으면 '워크숍' 하자라는 말을 많이 합니다. 그리고 어떻게 하면 좋을지 물어봅니다. 이럴 때 단호하게 "퍼실리테이션은 만병통치약이 아닙니다"라고 말씀 드립니다. 장기적인 그룹 리더십 개발을 위해서는 그룹 코칭이 더 적합할 수도 있으며 집단별 FGI[*]를 기반으로 한 컨설팅이 보다 효과적일 수도 있기 때문

---

[*] Focus Group Interview의 약자로 소수의 응답자와 집중적인 대화를 통하여 정보를 찾아내는 방법

입니다.

　제가 드리고 싶은 말씀은 모든 사안이 퍼실리테이션으로 해결되지 않는다는 것입니다. 그것도 단기간 준비를 통해 시행된 단 1회의 워크숍을 통해서 말입니다. 워크숍을 효과적으로 하고, 유의미한 결과물이 나오기 위해서는 퍼실리테이터가 사전 준비를 할 수 있는 충분한 시간과 정보들이 필요합니다. 퍼실리테이터가 콘텐츠 전문가가 아니기 때문에 워크숍과 연관된 모든 사안을 알아야 할 의무는 없습니다. 그렇지만 프로세스 전문가로서 보다 효과적으로 설계를 하기 위해서는 워크숍 맥락과 전후의 정보, 참여자 정보 등이 필요합니다. 고객과 충분한 소통을 통해 워크숍을 정교화하는 과정도 필요합니다.

　안타깝게도 주변에서 시행되는 많은 워크숍을 보면 퍼실리테이션에 대한 충분한 이해 없이 워크숍을 요청하거나 시행되는 경우들이 있습니다. 그리곤 마지막에 '퍼실리테이션 별거 없네'라고 말하는 걸 들을 때면 퍼실리테이터로서 아쉬움이 너무 큽니다. 또 아쉬운 피드백을 듣지 않기 위해서 퍼실리테이터로서 좀 더 꼼꼼하게 준비하고 고객과 소통해야겠다는 생각도 하게 됩니다.

　영화 「부르고뉴, 와인에서 찾은 인생」을 보면 "와인도 인생도 숙성이 필요하다"라는 대사가 나옵니다. 참여자도, 고객도, 그리고 퍼실리테이터도 최선인 워크숍이 되려면 '워크숍 퍼실리테이션도 숙성의 시간이 필요하지 않을까?' 라는 생각이 듭니다.

회사에도
퍼실리테이터가 있나요?

'한국에서는 2010년 초반부터 퍼실리테이션이 주목 받기 시작해 최근 들어 기업에서 그 수요도가 높아지고 있는 상태다. 그 배경은 창의, 혁신, 변화 등의 가치에 따라 국내외 사회 경제가 빠르게 변하고 있는 시대 상황에 기인한다.'*

신문 기사처럼 최근 많은 기업들이 변화혁신, 조직 개발, 리더십, 소통 활성화 등을 목적으로 사내에서 퍼실리테이션을 하고 있습니다. 직원들은 외부 전문기관 또는 기업에서 자체적으로 시

---

* 한경리크루트, 2020.02.12 신문 기사에서 발췌, http://www.hkrecruit.co.kr/news/articleView.html?idxno=19271

행하는 교육을 이수하고, 사내 퍼실리테이터로 활동합니다. 대표적인 사내 퍼실리테이터로는 1등 워크숍을 시행하고 있는 kt의 EFT(Empowering Facilitator)가 있습니다. 그룹 내 고질적인 문제 해결이나 새로운 아이디어 발굴 등 주제로 사내·외 전문가들이 한 자리에 모여 1박 2일 간 끝장 토론하는 1등 워크숍을 합니다. 이 때 EFT라는 명칭의 사내 퍼실리테이터가 참여합니다. 사내 퍼실리테이터 양성은 kt 뿐만 아니라 현대자동차, 두산, HDC 현대산업개발, GS Shop 등의 기업에서도 이루어지고 있으며 시간이 지날수록 그 수요가 높아지고 있습니다. 수요가 증가하는 만큼 많은 사내 퍼실리테이터가 양성되고 있습니다. 외부 포럼이나 워크숍에 가면 다양한 회사에서 온 사내 퍼실리테이터들을 만날 수 있습니다. 각자의 경험과 더불어 퍼실리테이터로서 고민에 대해 얘기를 나누면서 조언을 구하기도 또 도움을 받기도 합니다. 아래의 질문들은 사내에서 퍼실리테이터를 하면서 느꼈던 점과 주변의 퍼실리테이터를 인터뷰한 내용들 중 자주 받는 질문입니다.

사내 퍼실리테이터는 어떤 사람들이 하나요?

요즘 회사에서 하는 워크숍에는 사내 직원이 퍼실리테이션을 한다는데 어떤 사람들을 어떻게 선발하나요?

- 사외 퍼실리테이터 인터뷰

참여, 소통이 강조되면서 자체 퍼실리테이터를 선발하고 워크숍을 운영하는 회사들이 많아지고 있습니다. 회사마다 다르겠지만 사내 퍼실리테이터 선발은 크게 두 가지 형태로 진행됩니다.

먼저 자체 공모를 통해 희망하는 사람을 지원 받아 선발하는 경우 입니다. 이 경우에는 조직별 인원 안배를 고려하기도 하고, 지원 서류나 인터뷰를 통해 퍼실리테이터를 선발합니다.

두 번째는 워크숍 퍼실리테이션을 하는 별도 조직이 있어 해당 조직에서 전담해서 퍼실리테이션을 수행하는 경우입니다.

전자의 경우 여러 부서에서 다양성과 분야별 전문성을 갖춘 퍼실리테이터가 선발 될 가능성이 높습니다. 후자의 경우에는 워크숍 퍼실리테이션을 전업으로 하기에 상대적으로 인원은 소수이지만 더 전문화된 퍼실리테이터일 것입니다.

사내 퍼실리테이터가 중립성을 지키면서 퍼실리테이팅 할 수 있을까요?

회사에서 퍼실리테이션을 하면 중립을 지키는 것이 어려워요. 이해관계 자들이 얽혀 있고, 또 직급이 있는 계층구조다 보니... 어차피 의사결정 은 결국 리더가 하니, 의사결정자인 리더 계층을 두고 중립적인 개입은 쉽지 않은 것 같아요.

- 사내 5년차 퍼실리테이터 인터뷰

사내 퍼실리테이터 인터뷰에서 가장 많이 나온 내용은 워크숍

퍼실리테이션을 만나다

퍼실리테이터로서 '중립성'과
관련된 내용이었습니다. 실제로
조직 내에서 퍼실리테이션을 하
다 보면 이 '중립성'을 유지하는
부분이 가장 어렵습니다. 퍼실
리테이터에게 '중립성'이란 '특
정 의견이나 사람에게 치우침
없이 균형 있는 의견 교환이 되

도록 도와주는 역할을 하는 것' 입니다. 사내 퍼실리테이터는 중립
성을 지켜야 하는 퍼실리테이터이기 이전에 직급이 있고 위계질서
가 있는 조직의 구성원입니다. 조직이나 직급을 뒤로하고 책에 언
급되는 '중립성'을 유지하기는 쉽지 않습니다. 퍼실리테이터가 중
립성 유지를 하더라도 참여자들 중에는 '과연 저 퍼실리테이터가
조직이나 상급자가 시키는 대로 몰아가지 않고 정말 중립적으로 할
까?'라고 생각하는 사람이 있을 수도 있습니다. 그렇다면 이 부분을
어떻게 해소 할 수 있을까요?

　가장 간단한 방법은 '워크숍 참여자의 발언 기회를 고르게 안배'
하는 것입니다. 말을 안 한 사람이 있으면 질문을 하고 지나치게 발
언이 많은 참여자의 경우 다른 역할을 주거나, 발언 시간을 제한하
는 방법을 쓰기도 합니다. 의견 대립 시 찬성하는 사람이 많아 소수
의 반대하는 사람들이 발언하기 어려울 경우 찬/반 의견에 고른 발
언 기회를 부여해 워크숍에 균형을 줄 수도 있습니다. 이를 위해 위

크숍을 시작 할 때 '그라운드 룰' 선정 단계에서 발언 규칙을 정할 수도 있습니다.

두 번째 방법은 워크숍 준비 단계에서 '중립성과 관련해 발생 가능한 이슈'가 어떤 것이 있는지 미리 고민하는 것 입니다. 사내 퍼실리테이터는 사외 퍼실리테이터 보다 조직 내부 정보를 상대적으로 파악하기 쉽습니다. 예를 들면 조직 문화, 워크숍 참여자와 의사결정권자, 주제를 둘러 싼 내부 이슈 등 입니다. 정보들을 활용해 중립성을 저해하는 요소들을 사전에 파악하고 대비할 수 있습니다. 예를 들어 퍼실리테이터가 상급자에게 휘둘릴 수 있는 상황이 예상된다면, 사전에 정중하게 양해를 구하고 워크숍 결과물 공유 시점에 상급자를 참여하게 할 수도 있습니다. 이 부분이 어렵다면, 상급자에게 수용 가능한 결과물에 대해 미리 의견을 구할 수도 있습니다. 설계 단계에서 실무자와 워크숍 결과물에 합의한 내용을 중심으로 크로스 체크 한다는 차원에서 상급자에게 기대하는 결과물을 확인할 수 있습니다. 상급자와 사전 협의를 통해 워크숍 결과물에 대해 합의가 이루어진다면 상급자의 중간 개입 등을 통해 퍼실리테이터의 중립성을 해치거나 위배하는 상황을 최소화 할 수 있을 것 입니다.

세 번째 방법은 '타 조직에 퍼실리테이터를 요청'하는 것 입니다. 소속 조직에 대해 너무 잘 알고 있어 중립적으로 퍼실리테이션을 하기 어렵다면 소속 조직이 아닌 제 3 조직의 사내 퍼실리테이터가 워크숍을 할 수도 있습니다. 같은 날짜에 워크숍이 두 개 이상

퍼실리테이션을 만나다

시행 된다면 조직 간 퍼실리테이터를 크로스해서 워크숍을 할 수도 있습니다.

네 번째 방법은 Co 퍼실리테이터와 함께 워크숍을 하는 것 입니다. Co 퍼실리테이터가 메인 퍼실리테이터를 모니터링 하면서 퍼실리테이터가 한 쪽으로 치우친다면 이 부분에 대해 피드백을 하는 것입니다. 잠시 쉬는 시간을 통해 다음 순서에선 어떤 질문과 방법으로 워크숍을 퍼실리테이팅 할 지 조언을 구할 수도 있습니다. 무엇보다 퍼실리테이팅하면서 든든한 지원군이 있다고 생각하면 좀 더 힘이 날 것입니다.

퍼실리테이터의 중립성에 대해 덧붙이자면 사내 퍼실리테이터이기 때문에 중립성을 지키기 어려운 것은 아닙니다. 사외 퍼실리테이터는 고객에게 워크숍을 의뢰 받고 그 내용을 바탕으로 결과물을 도출해야 합니다. 상황에 따라서 고객이 원하는 결과물을 만들기 위해 사내 퍼실리테이터보다 더 중립성을 지키기 어려운 경우도 있습니다. 워크숍 퍼실리테이터로서 중립성을 지킨다는 것은 어려운 일이지만 그 만큼 중요한 일입니다. 앞서 언급된 4가지 방법을 기반으로 퍼실리테이터가 사전에 중립성을 유지하기 위한 준비를 한다면 중립성을 지킬 수 있을 것이라고 기대합니다.

상급자가 자꾸 워크숍에 개입하면 어떻게 해야 할까요?

> 워크숍 참여자가 아니신데 워크숍에 와서 자꾸 본인의 의견을 내고 싶어하세요. 상급자가 있으면 직원들은 아이디어도 안내고 말도 잘 안 하는데…
>
> 사내 2년차 퍼실리테이터

회사가 군대는 아니지만 직급이 있고 위계구조가 있는 조직입니다. 상급자의 발언을 100% 차단할 수는 없겠지만 퍼실리테이터로서 다음과 같은 고민을 해볼 수 있습니다.

먼저 상급자의 개입이 예측 가능하다면 워크숍 오프닝 단계에서 상급자가 발언할 수 있는 별도의 시간을 할애할 수 있습니다. 얼마의 시간이 필요한 지 확인 후 발언 기회를 주어 워크숍에 대한 지속적인 개입을 줄일 수 있습니다. 워크숍이 시작되면 상급자에게 발언은 가급적 자제해주시고, 직원들을 믿고 기다려 달라고 요청합니다. 성숙한 조직의 리더라면 이러한 부분은 충분히 지켜주리라 생각합니다. 말로 하기 어렵다면 '워크숍 참석 에티켓'을 만들어 참여자에게 나눠주는 것도 방법이 될 수 있습니다. '다른 사람의 말을 끊지 말아주세요. 발언을 원한다면 미리 손을 들고 얘기해주세요' 등 입니다.

두 번째는 상급자들끼리 별도 그룹을 만들어 워크숍에 참여하게 할 수 있습니다. 이 때 중요한 것은 1~2명이 아니라 별도 그룹으로 참여해야 한다는 것입니다. 상급자들 중에서도 워크숍에 정말 참여하고 싶어하시는 분들도 있습니다. 만약 1~2명의 상급자들만 워크숍에 참여한다면 훈수를 두거나 발언을 독점 할 수도 있습니다. 그렇지만 하나의 그룹으로 워크숍에 참여한다면 그룹 발언권으로 타그룹과 동등하게 발언하도록 조정 할 수 있습니다. 상급자들이 하나의 그룹으로 참여한다면 실무자가 아닌 상급자 관점의 아이디어를 기대할 수 있을 것입니다.

☑ 상급자의 개입을 참여로 전환한 워크숍 사례

다양한 직급이 참여하는 워크숍을 요청 받았습니다. 담당자는 참여자들끼리 서로 교류할 수 있도록 직급을 섞어 그룹을 구성하자고 의견을 줬습니다. 좋은 제안이지만 조직 내에서 직급을 섞어서 그룹을 구성할 경우, 자유로운 토의가 어려울 것 같다는 생각이 들었습니다. 특히 사내에서 직급 구분 없이 그룹을 구성해 워크숍을 할 경우 참여하는 모습이 비슷합니다. 사원급에서 서기를 하고, 대리급에서 결과물을 발표합니다. 과장급은 토의 진행을, 부장급은 주로 지시를 합니다. 모두 다양한 아이디어를 내고 또 적극적으로 참여할 수 있지만 직급을 섞다 보니 자연스럽게 직급에 의해 그룹 내 역할이 정해지는 것 입니다. 이 경우 상급자들은 워크숍에 참여하는 것이 아니라 지시를 하거나 일방적 발언으로 워크숍에 개입한다는 느낌을 줄 수 있습니다. 이에 해당 워크숍 토의 그룹은 직급별로 구성했었습니다. 그 결과 직급별 다양한 관점의 아이디어를 도출할 수 있었습니다. 사원/대리급은 상급자들의 노하우가 녹아 든 아이디어가 좋았다는 피드백을 줬습니다. 상급자들로부터 받은 피드백은 사원/대리급의 참신하고 새로운 아이디어로 서로 자극 받을 수 있었다는 내용이었습니다.

아는 사람이 워크숍에 참석하면 어떻게 하나요?

> 회사 생활을 오래하다 보니 사내 아는 사람들이 많아요. 워크숍을 하다 보면 아는 사람들이 많이 참석하기도 해요. 퍼실리테이터로서 뭔가를 해보자고 얘기하면 "에이 알만한 사람이 왜 그래 대충하자 이거 다 해야 돼? 그냥 넘어가자"등 잘 참여하지 않으려고 해서 힘들어요.
>
> - 사내 2년차 퍼실리테이터

사내에서 워크숍 퍼실리테이션을 하다 보면 아는 사람들 만나게 되는 경우가 있습니다. 저의 경우 워크숍에서 아는 사람을 참여자로 만났을 경우 이런 생각이 듭니다. '이 참여자는 나를 도와 줄 사람인가, 방해할 사람인가…?' 입니다. 모든 아는 사람이 도와주는 사람이면 좋겠지만 인터뷰처럼 어려운 참여자가 되는 경우도 있습니다. 옛말에 '아는 사람이 더한다'라는 말이 있습니다. 아는 사람이 더 도와줄 것 같지만 실제로 워크숍 프로세스에 딴지를 걸면서 대충대충 하자고 말하기도 합니다. 이 경우 어떻게 하면 좋을까요?

가장 추천하는 방법은 워크숍 시작 전 지인에게 워크숍에 적극적으로 참여하도록 미리 요청하는 것입니다. 개별적으로 워크숍의 취지와 결과물에 대해 설명하고 적극적인 도움이 필요하다고 얘기하면 대다수 사람들은 수긍하며 도와줄 것입니다. 어떤 사람들은 '이 사람이 나를 이렇게 까지 생각했다고?'라며 호의적인 반응을 보일 수도 있습니다. 워크숍에서 필요한 서기나 시간 관리자 등의 역할을 공식적으로 부여해 더 적극적으로 참여할 수 있도록 할 수도 있습니다..

두 번째 방법은 워크숍 시작 시 앞으로 진행될 단계들을 보다 구체적이고 논리적으로 설명하면서 참여자들의 동의를 구하는 것입니다. 워크숍 시작 단계에서 동의했기 때문에 그 사항에 대해 참여자들이 있는 데 딴지를 걸기는 어려울 것입니다.

세 번째 방법은 공식적으로 지인을 인정하는 것입니다. 사안에 대해 A라는 의견을 냈다면 좋은 의견이라고 인정의 말을 먼저 합니다. 그리고 이어 A 다음에는 어떤 내용들을 구체화 하면 좋을 지 또는 새로운 의견이 있는지 물어봅니다. 참여자들이 있는 가운데 공식적으로 인정의 말을 들었기에 참여를 안 하겠다든가, 워크숍 진행을 방해하는 발언들은 하지 않을 것입니다.

워크숍에서 의견을 내도 될까요?

> 워크숍 주제를 잘 알아 퍼실리테이터로 지원해서 워크숍을 한 적이 있어요. 내용을 알다 보니 워크숍 요청자가 원하는 내용도 이해할 수 있었고 설계도 쉽게 할 수 있었어요. 문제는 워크숍 당일이었어요. 참여자들이 낸 아이디어보다는 제 아이디어가 더 좋은 것 같아 너무 얘기하고 싶었어요. 또 시간은 없는데 참여자들이 아이디어를 잘 안내다 보니 제가 같이 앉아서 아이디어를 내고 싶더라구요.
>
> — 사내 3년차 퍼실리테이터 인터뷰

사내에서 워크숍을 하면 내가 아는 주제이거나 내 업무와 연관된 주제의 워크숍을 할 때도 있습니다. 이 경우, 타 주제 워크숍보다 쉽게 접근할 수는 있지만 퍼실리테이팅 시 적당한 개입이 어려울 수도 있습니다. 퍼실리테이터가 내용을 너무 잘 알기 때문에 참여자들의 아이디어가 마음에 들지 않거나, 아이디어를 직접 내고 싶을 수도 있습니다. 보다 양질의 아이디어를 끌어내기 위해 참여하고 싶을 수도 있습니다. 중립적 위치에서 참여를 촉진해야 하는 퍼실리테이터가 참여자가 된다면 어떤 상황이 벌어질까요?

퍼실리테이터가 내용을 잘 알고 있는 경우 본인이 낸 아이디어를 직접 퍼실리테이팅해서 원하는 방향으로 끌고 가기도 합니다. 자연스럽게 퍼실리테이터가 제안한 아이디어에 무게를 싣게 되고, 워크숍의 결과물을 퍼실리테이터가 만들 것 입니다. 참여자들은

'이럴 거면 왜 워크숍을 했냐, 그냥 본인이 원하는 아이디어를 내고 결과물도 만들거면서…'라는 생각을 할 수도 있습니다. 그렇다면 어떻게 하는 것이 좋을까요?

퍼실리테이터는 원칙적으로 워크숍에 참여해 아이디어를 내면 안됩니다. 중립적으로 퍼실리테이팅하기 어렵기 때문입니다. 참여자들이 낸 아이디어에 대해 판단하는 것 또한 중립적인 퍼실리테이터의 역할이 아닙니다. 워크숍에서 의견을 내고 싶다면 직접 참여보다는 일단 한 발 물러서서 참여자들을 촉진해보기 바랍니다.

아이디어가 잘 나오지 않는다면 먼저 창의력을 촉진하기 위한 영상이나 최신 트렌드를 반영한 콘텐츠를 준비해서 보여줄 수 있습니다. 저는 주로 유튜브와 더불어 '아이디어 고릴라(http://www.ideagorilla.com/)'라는 사이트를 이용하고 있습니다. 5분 내외의 다양한 영상들이 있어 참여자들의 생각을 촉진하는데 도움이 될 것입니다.

촉진을 위한 시도에도 불구하고 꼭 개입이 필요하다면 간접적인 예시를 들어 아이디어 발산을 촉진할 수 있습니다. 예를 들면 '플라스틱 재활용 아이디어'를 찾는다면 '캔 재활용'한 아이디어를 예시로 보여줄 수도 있습니다. 벤치마킹이 필요하다면 8장에서 다룬 H사 워크숍 사례를 참고할 수도 있습니다. 유사하지만 다른 케이스들을 통해 아이디어에 대한 실마리를 찾을 수 있을 것입니다.

필요하다면 지속적인 질문을 통해 아이디어를 촉진할 수도 있습니다. A라는 아이디어를 냈다면 '여기에 덧붙여 생각해볼 아이디어는 없을까요? 고려해볼 사항은요? 라고 질문할 수 있습니다. 또는 'B의 관점에서 생각해보면 어떤 아이디어가 있을까요?'라고 질문해 퍼실리테이터가 좀 더 구체적인 아이디어를 찾도록 도와줄 수 있습니다.

워크숍 결과물이 잘 나오지 않으면 그게 다 제 잘못 같아요.

사내에서 워크숍을 하면 외부보다 퍼실리테이터가 개입을 많이 하게 되요. 회사이다 보니... 뭔가 결과물이 잘 나오지 않으면 내가 퍼실리테이션을 잘 못한 것 같고... 또 꼬리표가 따라 다닐 것 같고.... 결과물에 대한 스트레스를 너무 많이 받아요.

                                            - 외부 퍼실리테이터가 시행한 사내 퍼실리테이터 인터뷰 내용 중

많은 사내 퍼실리테이터의 고충을 들어보면 빠지지 않고 나오는 얘기가 결과물에 대한 부담입니다. 사외 퍼실리테이터도 워크숍의 결과물을 잘 만들어야 한다는 부담이 있겠지만 사내의 경우 조금 다른 이유 입니다. 사내 워크숍의 경우 퍼실리테이터의 소속이나 정보를 사외 퍼실리테이터 보다 쉽게 알 수 있습니다. 내 옆에서 일하던 동료가 퍼실리테이터로 워크숍을 함께하기도 합니다. 그러다 보니 워크숍 결과물의 만족도나 퍼실리테이션 역량을 퍼실리테이터의 업무 역량과 연결해 생각하는 경우가 생기기도 합니다. 사내 퍼실리테이터라는 환경적 요인으로 워크숍 결과물에 보다 민감

하게 반응할 수 밖에 없는 것이 사실입니다. 그렇다면 사내 퍼실리테이터는 워크숍 결과물에 대해 어떻게 생각해야 할까요?

명확하게 얘기하자면 워크숍 결과물은 퍼실리테이터가 아닌 참여자들이 만드는 것입니다. 참여자들이 결과물을 잘 만들 수 있도록 도와주는 것이 퍼실리테이터의 역할입니다. 퍼실리테이터가 아무리 준비를 잘 했고, 퍼실리테이션을 잘하더라도 모두가 만족할 만한 결과물이 나오지 않을 수 있습니다. 결과물의 완성도나 만족도가 모두 퍼실리테이터의 탓은 아닙니다. 이론적으로 이 부분에 대해서 모두 알고 있지만 사내 퍼실리테이터라는 특성상 현실적으로 워크숍의 결과물이 부담이 될 수 있습니다. 어떻게 하면 사내 퍼실리테이터의 결과물에 대한 부담을 낮출 수 있을까요?

먼저 '사내 퍼실리테이터의 장점을 활용해 워크숍 준비 및 운영에 활용'하는 것 입니다. 사내 퍼실리테이터이기에 조직 내 다양한 이슈나 갈등 상황에 대한 정보를 수집하기가 용이합니다. 이 부분을 워크숍과 연계해 보다 디테일하게 준비한다면 보다 좋은 결과물이 나올 수 있을 것입니다. 참여자들의 성향을 파악해 적절한 역할을 배분 한다거나, 주제와 상충하는 사안을 질문 하는 것도 예시가 될 수 있습니다. 사내 유사 사례를 참고할 수도 있습니다. 워크숍 주제나 배경, 결과물, 사업 추진 내용을 바탕으로 비슷한 워크숍을 시행했던 사례가 있으면 참고해 설계나 운영에 도움을 받을 수도 있습니다. 같은 직원이 퍼실리테이션 했기 때문에 관련 정보를 받거나 워크숍에 대한 조언도 구할 수 있습니다.

두 번째는 보다 나은 결과물을 만들기 위해 '퍼실리테이터 스스로 역량을 올리기 위한 노력'을 해야 합니다. 결과물을 참여자들이 만드는 것이지만 퍼실리테이터가 역량이 뛰어나면 같은 조건일 때 워크숍의 결과물이 더 잘 나올 수 있습니다. 같은 워크숍도 다르게 설계할 수 있고 참여자에게 하는 질문을 통해서도 양질의 결과물을 이끌어 낼 수 있을 것입니다.

세 번째는 '워크숍 결과물에 대한 중간 점검'입니다. 워크숍 결과물이 뚝딱하고 나오는 것은 아닙니다. 중간 결과물들이 나오고 그 결과물들이 이어져서 워크숍의 최종 결과물이 됩니다. 워크숍의 세션이 끝날 때 마다 가능하다면 의사결정권자와 어렵다면 워크숍을 의뢰한 직원과 워크숍의 중간 결과물을 확인합니다. 지금까지 진행한 방향이 맞는지 앞으로 이렇게 진행하면 될지 점검하는 시간을 갖는 것 입니다. 점검을 통해 수정해야 하는 설계가 있으면 수정하고 참여자들의 의견을 수렴하면서 워크숍을 이어갑니다. 중간 점검 시간을 단계별로 가질 경우, 최소한 고객의 요구를 반영하지 못해 워크숍의 결과물이 아쉬운 상황은 피할 수 있을 것입니다.

사내 퍼실리테이터는 회사에서 교육을 지원해 주나요?

퍼실리테이션 관련 사외 교육도 듣고 싶고, 외부 컨퍼런스에도 다니면서 역량을 쌓고 싶은데…회사에서 교육을 지원받을 수 있나요?

- 2년 차 사내 퍼실리테이터

퍼실리테이션을 만나다

> 회사다니는 사람들은 외부 교육이나 컨퍼런스 비용을 회사에서 다 지원
>
> 해줘서 좋겠어요. 나는 내가 돈내고 들어야 하는데…
>
> — 프리랜서 퍼실리테이터

답변부터 정리하면 경우에 따라 다릅니다. 회사에서 특정 사내 퍼실리테이터에게 외부 교육이나 복무를 지원해줄 의무는 없습니다. 그렇지만 외부에서 들은 교육이나 참석한 컨퍼런스의 사내에 확산하거나 업무에 적용해 성과와 연계된다면 지원해줄 수도 있습니다. 실제로 외부 교육이나 컨퍼런스에서 만난 많은 사내 직원들은 회사로부터 비용과 복무를 지원받고 참석한 사람들이었습니다. 물어보니 교육 참여 후 사내 교육 프로그램 개발에 참여하거나, 사내 직원 대상 전파 교육을 해야 한다고 얘기했습니다.

개인적으로 추천하는 것은 일정 수준이 될 때 까지는 개인의 비용과 시간을 투자해서라도 퍼실리테이션을 접할 기회를 다양하게 만드는 것 입니다. 앞서 다룬 내용처럼 사내에서 접하는 내용과 일부 교육 만으로는 한계가 있을 수 있습니다. 지속적으로 다양한 교육과 케이스들을 탐구하는 것이 필요합니다. 이런 과정을 통해 내 퍼실리테이션 역량을 키운다면 자연스럽게 워크숍의 결과물도 좋아지고 또 다른 워크숍을 하게 될 기회를 얻게 되는 선순환이 될 것 입니다.

사내에서만 워크숍 하다 보니 다양한 워크숍을 경험할 기회가 적어요

> 회사에서 6년째 퍼실리테이터로 활동하고 있어요. 처음에는 퍼실리테이션이 너무 재밌어 워크숍하는게 즐거웠어요. 시간이 지나고 연차가 차면서 퍼실리테이션을 잘하기 위해 외부에 있는 포럼이나 컨퍼런스에도 참여하고 있어요. 외부에서 많은 퍼실리테이터들을 만나다 보니 문득 드는 생각이 사내에서만 워크숍을 하다보니 다양한 워크숍을 경험할 기회가 적다는 것 이에요. 매번 직원 대상으로 비슷한 주제로… 그러다 보니 매너리즘에 빠지는 것 같기도 하고… 답답하네요.
>
> — 6년 차 사내 퍼실리테이터

사내 퍼실리테이터의 장점 중의 하나는 조직 내 다양한 인프라를 활용할 수 있다는 것입니다. 인프라가 교육이 될 수도 있고, 사내 직원 pool, 회사의 시설과 비품이 될 수도 있습니다. 이 장점을 잘 활용하면 월급 받으면서 세컨잡으로 경쟁력 있는 퍼실리테이터가 될 수도 있습니다.

그런 반면 사내에서 퍼실리테이션 하기 때문에 '우물 안 개구리'가 될 수 있다는 단점이 있습니다.

대표적인 상황이 인터뷰 내용에서 나온 것처럼 비슷한 대상(사내 직원)에게 유사한 주제로 반복되는 워크숍을 한다는 것 입니다. 워크숍을 반복 퍼실리테이팅하면 퍼실리테이션 역량은 향상될 수 있습니다. 그러나 유사한 워크숍만 계속 경험하는 것은 퍼실리테이터로 성장하기에 분명 한계가 있을 것입니다. 어떻게 하면 다양한 퍼실리테이션을 경험할 수 있을까요?

먼저 사내 워크숍 경험은 다다익선(多多益善) 입니다. 많으면 많을수록 좋다는 뜻으로 워크숍은 경험할 수 있다면 최대한 많이 경험하는 것이 좋습니다. 같은 사내이더라도 신입사원을 대상으로 하거나 관리자를 대상으로 한 워크숍을 분명 다를 것입니다. 또 영업 조직과 신사업 조직에서 하는 워크숍도 주제가 다를 경우 새로운 워크숍이 될 수 있습니다. 이렇게 경험을 쌓다 보면 같은 주제여도 다르게 워크숍을 설계하는 능력이 길러질 것입니다. 결과물 또한 확연히 달라질 것입니다.

두 번째는 외부 기관을 활용하는 것입니다. 한국퍼실리테이터협회(KFA)에서는 매년 11월 퍼실리테이터 컨퍼런스를 시행하고 있습니다. 사내/외를 막론하고 국내에서 활동하는 많은 퍼실리테이터들이 참여해 워크숍 사례와 도구들을 공유합니다. 새로운 배움 외에도 많은 퍼실리테이터들과 네트워크를 쌓을 수도 있습니다. 주기적으로 퍼실리테이션 포럼을 하고 있어 다양한 사례와 최신 퍼실리테이션 트렌드를 접하기에는 좋은 기회가 될 수 있습니다.

세 번째는 지역 사회 인프라를 활용하는 것 입니다. 지역 사회에서 퍼실리테이션이 필요한 곳에 재능기부 활동을 하는 것이 예가 될 수 있습니다. 본인이 속한 지역 사회에서 할 수도 있고 전문 기관을 통해서 할 수도 있습니다. 저의 경우 인피플 컨설팅에서 주관하는 '프로보노' 활동을 하고 있습니다. 프로보노는 각 분야의 전문가들이 사회적 약자를 돕는 활동이라는 뜻 입니다. 주 활동은 퍼실리테이션이 필요한 곳이 선정되면 그 기관을 대상으로 워크숍을 하는 것 입니다. 재능기부라 별도의 비용을 받지는 않지만 사내 퍼실리테이터가 사외 경험을 할 수 있는 정말 값진 기회입니다. 다양한 경험을 할 수 있기에 개인적으로 비용은 중요하지 않다는 생각이 듭니다. 다른 퍼실리테이터들과 협업하고 전문기관의 코칭도 받을 수 있어 강력하게 추천하는 활동입니다. 지역 사회에서도 퍼실리테이션에 대한 관심이 늘면서 니즈는 있지만 비용 때문에 망설이는 경우도 많다고 들었습니다. '목마른 자가 우물을 판다'라는 말이 있습니다. 다양한 워크숍을 경험하기 위해 지역 사회에 한 번 연락 해보는 것은 어떨까요?

사내 퍼실리테이터의 전문성을 외부에서도 인정할까?

사외의 퍼실리테이터들을 보면 고객에게 직접 제안도 하고 미팅도 하면서 워크숍을 의뢰 받더라구요. 그러다 보니 사내에 비해 상대적으로 다양한 워크숍들을 경험하게 되고.. 물론 그만큼 경쟁도 치열하겠죠. 사내 퍼실리테이터로 활동하다 보니 이런 사외 퍼실리테이터와 비교했을 때

퍼실리테이션을 만나다

경쟁력이 있을지도 궁금하고... 내 퍼실리테이션 관련 전문성을 인정받을 수 있는지도 궁금해요.

- 5년 차 사내 퍼실리테이터

결론부터 얘기하자면 사내 퍼실리테이터도 충분히 경쟁력 있고 전문성을 인정받을 수 있습니다. 다만 사내에서 인정받았다고 안주하는 것이 아니라 사외 퍼실리테이터들과의 교류나 학습이 지속적으로 이루어진다는 전제가 있습니다. 무엇보다 사내에서 행해지는 워크숍이 퍼실리테이션의 전부라고 생각하면 안됩니다. 특정 회사를 막론하고 사내에서 시행되는 워크숍들은 회사의 특성에 맞게 변형해 시행하는 경우가 많이 있습니다. 워크숍 도구나 방법론도 마찬가지 입니다. 사내에서 워크숍을 할 때 도구나 툴의 사용 방법을 응용하거나 생략해서 퍼실리테이션을 할 수 있습니다. 이 경우, 효율적인 방법으로 워크숍 결과물을 만들 수도 있습니다. 반면에 워크숍 프로세스와 방법, 도구에 대해 사외 퍼실리테이터들과 소통 시 혼선을 가져올 수도 있습니다. 예를 들면 한국 퍼실리테이터협회 자격 인증 심사에 도전한 사내 퍼실리테이터가 있었습니다. 이 퍼실리테이터는 기존에 사내에서 했던 대로 워크숍과 사용한 도구, 방법에 대해 인터뷰했습니다. 결과는 불합격이었습니다. 알고 보니 사내에서 임의로 변형해 사용한 방법이 구전처럼 내려왔고, 그 방법을 정석처럼 사용했던 것입니다. 이러한 경험을 바탕으로 인증 심사에 응시해 도구의 원래 사용법은 모르는 퍼실리테이터가 되어 있었습니다. 또한 사내/외에서 사용하는 용어가 의미가 다르다 보니 인터뷰 때 당황했다는 얘기도 전해 들었습니다. 역량 있는 퍼실리테이터임에도 불구하고 사내의 경험에 매몰되어 사외에서 일반적으로 활용하는 방법이나 도구, 용어에 대해 확인을 하지 못한 점이 전문성을 의심받는 상황이 된 것입니다. 다행히 해당 퍼실리테이터는 역량 있는 퍼실리테이터로 재응시를 통해 자격 인증 받을 수 있었습니다.

거듭 말씀 드리지만 어디서나 인정받는 퍼실리테이터가 되려면 사내의 경험과 도구에 국한되지 말고 보다 다양한 경험을 해보시길 추천 드립니다. 내가 어느 수준에 있는지 어떤 부분을 보완해야 할지 지속적으로 확인하기 바랍니다. 사내/외를 떠나 많은 퍼실리테이터들과 지속적으로 교류하고 필요한 부분들을 점진적으로 보완한다면 사내/외를 막론하고 전문성 있는 퍼실리테이터가 돼 있을 것입니다.

지금까지 '사내 퍼실리테이터'와 관련해 궁금한 점에 대해 정리해봤습니다. 사내 퍼실리테이터의 경우 소속 기업의 색깔이 묻어 있어 사외 퍼실리테이터와 분명 다른 점이 있을 것입니다. 이 부분은 '사내 퍼실리테이터가 전문성이 떨어지고 사외 퍼실리테이터가 잘한다'라는 의미는 절대 아닙니다. 사내 퍼실리테이터의 경우 상대적으로 회사에서 시행되는 워크숍 주제와 참여자에 대한 이해도가 높다는 강점이 있습니다. 또 워크숍의 결과물이 어떻게 적용되는지 확인할 수 있는 특수성도 갖고 있습니다. 무엇보다 본인의 의사가 있다면 회사의 적극적인 지원을 받으면서 성장할 수 있는 환경이 뒷받침 될 수 있습니다. 이 글을 읽는 분 중에 회사에 다니고 있다면 사내 퍼실리테이터에 도전해 보기 바랍니다. 프리랜서 또는 전문 회사에서 퍼실리테이터로 활동하고 계시다면 사내 퍼실리테이터에 대해 이해하는 기초 자료로 활용하면 좋겠습니다.

'퍼실리테이터가 만들어가는 이상적인 조직은 어떤 조직일까?' 하고 생각해 본다면 '반영조직*'이 아닐까? 라는 생각을 해봅니다. '반영조직'은 구성원들이 창의와 열정과 협력을 만들어내고, 이를 통해 빛을 발하는 조직입니다. 많은 기업들에서 사내 퍼실리테이터를 양성하고 활용하는 만큼 반영 조직 조성에 긍정적인 역할과 성과를 창출하기를 기대합니다.

---

* 반영조직(Reflecting Organization)이란 '구성원들의 의지가 조직의 의사결정에 늘 반영되는 조직'을 말한다. 구성원 각자의 의지가 반영되는 과정을 통하여 그들의 자유와 성취가 실현되고 창의와 열정과 협력이 넘쳐 흐르는 멋진 장소가 바로 '반영조직'이다. 이렇게 될 때 구성원들은 일터에서 자아를 실현하고 조직은 높은 성과를 거두게 된다 (『반영조직』, p/79, 구기욱, KOOFA BOOKs)

퍼실리테이터에게
필요한 역량은 무엇인가요?

모든 퍼실리테이터의 공통적인 고민이 있다면 무엇일까요? "어떻게 하면 퍼실리테이션을 잘 할 수 있을까?"라는 생각이 듭니다. 저 또한 같은 고민을 합니다. 매번 워크숍을 할 때마다 고민하고 주변에 조언을 구하기도 합니다.

이 장에서는 '워크숍 퍼실리테이션을 잘 할 수 있을까?'에 대해 퍼실리테이션 역량을 기반으로 활용했던 팁을 함께 다뤘습니다.

첫째, '한국퍼실리테이터협회(KFA)'에서 정의한 퍼실리테이션 역량입니다.

[퍼실리테이션 역량*]

구분	역량	정의	하위요소	하위요소별 정의
디자인 차원	고객 니즈 파악	능동적인 고객니즈 파악을 통해 문제의 핵심 상황과 원인을 파악하고 문제해결의 목표를 구체화 한다.	정보수집	능동적인 자세로 다양한 정보수집 방법을 활용하여 고객의 니즈를 파악한다.
			문제의 핵심 파악	다양한 관점으로 현상과 문제를 파악하여 해결해야할 핵심이슈와 원인을 찾아낸다.
			구체적 목표 설정	고객이 워크숍을 통해 기대하고 달성하고자 하는 목표를 평가가능한 언어적 표현을 사용하여 구체화 한다.
	협력 관계 조성	문제해결을 위해 얻고자 하는 결과에 대해 고객과 합의하고 이를 위한 상호 파트너십을 형성한다	결과에 대한 합의	고객과 진행절차와 방법, 역할과 책임, 결과물의 내용과 형태, 기간 등에 대해 사전에 명확히 합의한다.
			파트너십 형성	고객과 사전에 관련 이슈에 대해 논의하고 워크숍 목표달성의 책임의식을 갖도록 유도한다.
			이해관계자 활용	다양한 이해관계자를 확인하고 영향력을 분석하여 협력을 이끌어내기 위한 방법을 활용한다.
	프로세스 설계	고객 문제 해결에 적합한 워크숍의 프로세스와 방법을 설계하고 이를 위한 최적의 환경 요소를 설계에 반영한다.	고객니즈에 맞는 설계	이해관계자의 요구를 반영하고 문제해결을 위한 구체적 프로세스를 설계한다.
			적절한 기법과 도구 사용	프로세스에 맞는 퍼실리테이션 방법과 도구를 선택하여 조직 및 참여자에 맞게 응용한다.
			최적의 환경요소 설계 반영	효과적인 시간 배분과 공간을 활용하고 집단 역동을 일어나게 하는 참여자 구성과 상호작용 방법을 설계한다.
퍼실리테이션 차원	참여환경 조성	워크숍 목적에 맞는 물리적 환경조성 및 라포형성과 긍정적 분위기 조성을 통해 참여자들의 참여를 촉진한다.	철저한 현장준비	워크숍 시작 전 물리적 환경을 조성하고, 갑작스러운 상황변화를 반영하여 신속히 설계를 변경한다.
			라포형성	워크숍 초기에 참여자와 신뢰관계를 구축하도록 하고 안전한 발언 환경을 조성한다.
			참여촉진	워크숍 실행간 긍정적 분위기를 조성하여 상호 존중하고 참여를 촉진하여, 집단이 하나의 목표로 나아 갈수 있도록 한다.
				개인의 다양한 기대와 사고를 존중하고 참가자들의 불만족한 상황을 관찰하고 대응한다.
	효과적 커뮤니케이션	참여자들의 이야기를 적극적 경청과 효과적 질문과 피드백을 통해 워크숍을 촉진한다.	적극적 경청	참가자의 말에 긍정적인 리액션을 보내고, 적극적으로 경청하여 참가자가 정확히 이해했는지 확인한다.
			효과적 질문 스킬	상황에 따른 다양한 질문기법을 활용하여 참여 유도와 창의적 아이디어를 도출하고, 필요 시 통찰력 있는 탐색적 질문을 사용한다.
			피드백 스킬	의미부여와 요약을 통해 공통의 이해를 이끌고, 참가자 행동에 대해 관찰하고 피드백 한다.
			논리적 설득	핵심 메시지와 적합한 근거를 제시하여 논리적인 설명을 한다.
	전문적 퍼실리테이션	다양한 퍼실리테이션 기법과 방법을 능숙하고 정확하게 구사하며, 상황에 맞게 변형하고 응용한다.	다양한 퍼실리테이션 방법 활용	참가자의 집단지성, 이해와 학습, 창의적 사고를 위한 다양한 그룹 프로세스 및 시각적방법을 활용 한다.
			숙련된 스킬 발휘	퍼실리테이션도구와 방법의 원리에 대한 이해로 자신감 있게 다룬다.
			상황에 맞는 방법/스킬 응용	상황 변화에 맞춰 도구나 방법, 프로세스를 변경한다.

* 기존의 한국퍼실리테이터협회(KFA)의 퍼실리테이션 역량은 국제퍼실리테이터협회(IAF)의 핵심 역량을 번역해 사용했었습니다. KFA에서는 '퍼실리테이터'의 한국직업사전 등재를 추진하면서 2018~2019년에 걸쳐 KFA CPF를 대상으로 설문 및 FGI 등을 통해 한국에 맞는 퍼실리테이터 역량을 정의하는 일을 추진했고 2020년 7월 위와 같이 정의했습니다.

	역량	정의	하위요소	하위요소별 정의
퍼실리 테이션 차원	상황관리	계획한 시간내에 목표를 달성할 수 있도록 워크숍의 전체 흐름을 관리하며 상황에 맞게 대응한다.	목표관리	사전 계획과 목표를 유지하고 집중할 수 있도록 관리한다.
			진도관리	사전 취지에 벗어나지 않게 하고 예상치 못한 제약에도 계획했던 프로세스를 진전 시킨다.
			시간관리	상황변화에 따라 참가자의 동의를 얻어 효과적인 시간관리를 한다.
			에너지관리	집단 전체의 에너지를 확인하고 소수의 의견을 존중하여 참여를 유지시킨다.
			기록관리	정확하고, 한눈에 볼 수 있도록 요약하여 기록한다.
	리스크 관리	워크숍에서 발생하는 다양한 형태의 갈등과 저항에 효과적으로 개입하여 건설적 방향으로 진전시킨다.	저항극복	저항을 민감하게 파악하여 현상과 원인을 규명하고, 적절한 개입으로 건설적 방향으로 이끈다.
			돌발상황 대응	돌발상황에도 통제권을 확보하여 참가자의 목표에 대한 수용과 전체흐름에 영향을 관리한다.
			갈등관리	갈등상황에서의 상호 이해를 촉진하고, 대립을 조정하여 합의를 도출한다.
	명확한 결과 도출	워크숍의 결과물을 구체화하여 참여자들의 합의 수용을 이끌고 Follow-up을 촉진한다.	결과도출	아이디어를 체계적으로 정리하고 실행 가능한 형태로 구체화하여 목표에 부합하도록 결과를 도출한다.
			합의도출	결과물을 참가자의 이해를 돕기 위하여 효과적으로 공유하고, 집단 의사결정을 하여 합의를 형성한다.
			결과 F/U	결과물에 대한 논의와 참석자들의 실행의지를 강화하여 Follow-up을 촉진한다
기반 차원	전문성 개발	성공적 퍼실리테이션을 위해 고객의 특성을 이해하고 다양한 퍼실리테이션 기법과 방법을 지속적으로 학습하고 적용한다.	철저한 사전학습	사전에 고객의 사업에 대한 깊이 있는 이해와 워크숍 진행과 관련된 기법과 기술을 숙지한다.
			퍼실리테이션 학습/ 적용	다양하고 새로운 퍼실리테이션 기법과 방법을 학습하고 적용한다.
			지속적 자기개발	연구와 학습에 지속적으로 참여하고, 관련분야의 지식을 함양하며, 자신의 워크숍 결과에 대해 성찰하고 개선한다.
	전문가 의식	전문 퍼실리테이터로서 중립성과 도덕성을 유지하며, 고객과의 약속을 준수하고 고객니즈를 충족시킨다.	중립성유지	개인적 입장과 관계에서 벗어나 중립적인 자세로 객관적으로 행동한다.
			도덕성	퍼실리테이션의 발전을 위해 적극적으로 참여하고 사회에 긍정적인 영향을 미칠 수 있도록 행동한다.
				자신과 고객이 불리한 상황에서도 정직성을 유지하며 이해 간 상충이 있을 경우 파트너에게 밝혀 회피할 방법을 모색한다.
			책임감	고객이 원하는 바를 얻을 수 있도록 목표달성을 위해 최선을 다하고 결과물의 책임감을 가진다.
	유연성	전문 퍼실리테이터로서 객관성과 중립성을 유지하면서, 다양한 관점에 대해 개방적이고 유연하게 대응한다.	상황적/ 행동적 민감성	워크숍 과정의 흐름과 참석자들의 중요한 변화를 파악하여 효과적으로 대응한다.
			자기조절	어떠한 어려움과 압박 속에서도 일관된 감정과 에너지를 유지하고 문제해결을 위해 최선의 방법을 찾는다.
			유연한 태도	모든 과정에서 다양한 관점과 아이디어를 수용하여 상황에 유연하게 대처한다.

출처 : 한국퍼실리테이터협회

퍼실리테이터가 워크숍을 할 때 역량에 언급된 부분을 고려해 설계한다면 워크숍 목적을 달성하고 결과물을 도출하는 데 도움이 될 것입니다. 나아가 워크숍 중간 중간에 퍼실리테이터로서 어떻게 대응하고 퍼실리테이팅 해야 하는지도 생각해 볼 수 있습니다.

☑ 효과적 커뮤니케이션*을 적용한 C사 워크숍

20여 명의 전문가들이 참여한 C사의 워크숍은 어떤 워크숍보다 퍼실리테이터가 '어떻게 의사소통을 촉진 할 것인가(고른 발언 기회 부여, 참여자들간 경청 등)'가 중요했습니다. 소통 촉진을 위해 워크숍에서는 긴 발언이 끝난 후에는 발언자의 언어를 활용해 패러프레이징**했습니다. 20분의 발언을 3~4문장으로 요약해서 말씀 드리고 그 내용이 맞는지 확인하였습니다. 연계 발언이 있는 사람을 질문했고, 추가적인 의견을 구했습니다.

특별한 도구나 방법을 쓰지 않더라도 참여자들의 반응은 '퍼실리테이션 참 잘하네!' 였습니다. 워크숍이 끝날 무렵 한 분께서는 "해당 주제와 관련해 많은 워크숍과 포럼 등에 참석했지만 이렇게 많은 얘기를 하고 들은 적은 처음이라 너무 좋았다"라는 피드백을 주셨습니다. 설계 당시의 우려와 달리 참여자 스스로 발언 시간을

---

* 75p 퍼실리테이션 역량 중 'II. Foundation Skill 2)효과적 커뮤니케이션 - 참여자들의 이야기를 적극적 경청과 효과적 질문, 피드백을 통해 워크숍을 촉진한다 중
** 일반적 의미의 패러프레이징(paraphrasing)은 직접적으로 문구나 문장을 인용하는 대신 자신의 언어로 다른 사람의 말이나 글을 표현하는 것입니다. 퍼실리테이션에서 패러프레이징(paraphrasing)은 퍼실리테이터의 언어가 아닌 참여자/발언자의 언어로 다시 표현하는 것을 말합니다.

조정하며 보다 많은 사람들의 의견을 들을 수 있었습니다.

C사의 퍼실리테이팅을 통해 '효과적인 절차에 따라 그룹의 구성원들이 적극적으로 참여하여 목적을 달성하도록 돕는 활동'인 워크숍 퍼실리테이션의 매력을 한 번 더 느낄 수 있었습니다. 새로운 도구나 방법을 활용하지 않더라도 퍼실리테이터로서 커뮤니케이션 역량을 발휘한다면 워크숍 관계자와 참여자들의 만족을 이끌어 낼 수 있다는 것도 경험할 수 있었습니다.

둘째, '컨센서스 워크숍 퍼실리테이션'에서 언급한 '퍼실리테이터 역량'입니다. 이 책은 워크숍 퍼실리테이션에서 가장 많이 활용되는 ICA(The Institute of Cultural Affairs)의 컨센서스 워크숍에 대해 기술한 책입니다. 한국퍼실리테이터협회에서 언급한 역량 관련 내용과 유사한 부분도 있지만 보다 간결하게 표현했습니다.

퍼실리테이션을 만나다

✤ 퍼실리테이터 역량

역량1. 퍼실리테이터는 기법을 효과적으로 이용한다

역량2. 퍼실리테이터는 시간과 공간을 계획적으로 이용한다

역량3. 퍼실리테이터는 참여와 창의성을 불러일으키는 데 능숙하다

역량4. 퍼실리테이터는 그룹을 존중하고 그들의 지혜를 인정한다

역량5. 퍼실리테이터는 객관성을 유지할 수 있다

역량6. 퍼실리테이터는 그룹의 기저 역동을 '읽는'데 숙련되어 있다

역량7. 퍼실리테이터는 이벤트 드라마를 계획한다

역량8. 퍼실리테이터는 프로세스를 위해 훼방을 놓는다

역량9. 퍼실리테이터는 변화하는 상황에 민첩하게 적응한다

역량10. 퍼실리테이터는 결과물이 매우 효과적으로 정리되도록 한다

1장을 마무리하며…

 이번 장에서 새롭게 알게 되거나 배운 것은 무엇인가요?

 이번 장에서 영감을 얻은 아이디어가 있다면 무엇인가요?

가장 기억에 남거나 인상 깊었던 내용은 무엇인가요?

다음 워크숍에 적용해보고 싶은 것이 있다면 무엇인가요?

2장

워크숍 퍼실리테이션 준비하기

워크숍 퍼실리테이션이란 무엇인가요?

여행과 같은 워크숍 퍼실리테이션

'워크숍 퍼실리테이션이 무엇인가요?'라고 묻는다면 사람들과 친숙한 여행에 빗대어 퍼실리테이션을 설명합니다. 사람들과 만남을 통해 견문을 넓힐 수 있고 새로운 경험을 할 수 있다는 것이 여행과 퍼실리테이션의 매력이라고 생각합니다. 워크숍 퍼실리테이션에 대한 이해를 돕기 위해 여행과 공통점을 바탕으로 좀 더 설명해보겠습니다.

첫 번째 공통점은 '다양성'입니다. 워크숍 퍼실리테이션은 '어떤 주제와 목적 다루는가'에 따라 갈등 관리, 비전 수립, 문제 워크숍 등 다양한 분야로 나눌 수 있습니다. 또 어떤 퍼실리테이터가 설계하고 퍼실리테이팅하는가에 따라 같은 주제와 참여자를 대상으로 워크숍을 하더라도 워크숍 결과물은 다양하게 나올 수 있습니다. 반대로 같은 퍼실리테이터가 워크숍을 하더라도 참여자가 달라지면 결과물도 달라질 수 있습니다. 여행도 목적에 따라 관광, 휴양, 쇼핑, 체험 등 다양한 여행을 할 수 있습니다. 여기에 여행사 패키지를 이용할 것인가, 자유여행을 할 것인가, 럭셔리 여행을 할 것인가, 배낭여행을 할 것인가에 따라서도 달라질 수 있습니다. 어떤 옵션들을 선택하는 지에 따라서 같은 여행지를 가더라도 다른 곳을 간 것처럼 즐길 수 있습니다.

두 번째, '방향성'과 '목표'입니다. 퍼실리테이터로서 워크숍 결과를 만들어야 한다는 목표가 있고 그 결과물을 도출하기 위한 워크숍 퍼실리테이션 방향성이 있습니다. 여행도 어느 나라 어디를 가서 무엇을 하겠다는 목표가 있고 어디로 갈지, 이번 여행을 통해 무엇을 얻을 지에 대한 방향성이 있습니다.

세 번째, '준비의 중요성'입니다. 퍼실리테이터로서의 사전 준비는 워크숍의 성패를 좌우 한다 해도 과언이 아닙니다. 철저한 사전 준비를 통해 현장에서 발생하는 다양한 변수에 유연하게 대응할 수 있습니다. 정해진 시간 안에 결과물을 도출하기 위해 어떤 툴이나 방법을 쓰면 효과적일지 고민합니다. 필요하다면 새로운 방법을 찾아보기도 합니다. 참여자, 워크숍에 대한 정보가 많으면 많을수록 워크숍을 설계를 하는 것이 더 쉽습니다. 여행자로서 사전 준비도 마찬가지입니다. 말도 안 통하는 낯선 나라에서 낯선 상황들을 잘 여행하려면 많은 사전 준비를 해야 합니다. 교통과 숙박을 예약해야 하고 필요하다면 식당이나 관광지 할인 티켓을 정보를 찾기도 합니다. 날씨나 시간에 따라 플랜B를 준비하기도 합니다.

네 번째, '시간 관리'입니다. 워크숍을 하기 위해 프로세스를 분 단위로 설계하고 참여자들의 참여를 독려합니다. 만약 첫 번째 세션에서 시간이 오래 걸려 계획된 대로 진행되지 않는다면 정해진 시간 내에 결과물을 도출하기 어려울 것입니다. 프로세스 별로 나누어 반복적으로 시간 관리를 하는 것이 필요합니다. 워크숍에 프로세스가 있다면 여행에는 일정표가 있습니다. 정해진 시간 동안 다양한 볼거리와 먹거리를 즐겨야 하기 때문입니다. 하나의 일정이 어긋나게 되면 다른 일정에까지 영향을 미칩니다. 꼼꼼한 시간 관리를 통해 일정대로 시간 관리를 해야만 계획한 것을 다 지킬 수 있을 것입니다.

다섯 번째, 많은 '변수'가 존재합니다. 많은 준비 끝에 워크숍을 하지만 늘 보이지 않는 이슈, 참여자, 콘텐츠 등 여러 요소들이 워크숍 변수로 존재합니다. 워크숍 중에 갑자기 참여자가 말을 너무 많이 하거나, 말을 하지 않는 것도 변수가 될 수 있습니다. 여행도 마찬가지로 늘 예기치 않은 상황들이 발생합니다. 임기응변으로 문제를 해결하기도 하고 뜻밖의 폭우를 만나 고생을 할 수도 있습니다.

여섯 번째는 함께하는 '사람에 대한 신뢰'입니다. 워크숍 퍼실리테이터는 워크숍에 온 모든 참여자들이 워크숍에 꼭 필요한 사람들이라는 점 그리고 참여자들의 모든 의견을 옳다는 긍정적인 믿음을 갖고 있습니다. 여행도 함께하는 동반자가 있다면 낯선 여정에서도 신뢰를 바탕으로 행복하고 아름다운 추억을 만들 수 있습니다. 혼자 여행하면 무섭거나 위험한 곳도 여럿이 함께하면 더 안정하게 여행할 수 있을 수도 있습니다.

일곱 번째, '기록'이 큰 역할을 차지합니다. 퍼실리테이터의 기록은 참여자들의 의견을 정리하고 모으는 효과가 있습니다. 또 참여자 모두가 볼 수 있도록 이젤패드나 전지에 정리해 그룹 메모리를 만들 수도 있습니다. 이해를 돕기 위해 그래픽 퍼실리테이션을 활용하기도 합니다. 여행을 하면서도 의미 있거나 인상 깊은 순간들을 기억하기 위해 기록을 합니다. 대표적인 기록은 음식 사진을 찍는 것 입니다. 주문한 음식이 나오면 일어서서 음식이 보이게 '항공샷'을 많이 찍습니다. 이 모습을 보고 외국인들이 '한국 사람들은 음식 먹기 전에 사진 찍는 의식이 있다'라고 말할 정도로 기록에 열심입니다. 순간의 감동을 기록하기 위해 사진 외에도 그림을 그리거나 글을 쓰는 사람들도 있습니다.

여덟 번째, 'Reflection-회고'의 과정이 있습니다. 워크숍이 끝나고 나면 참여자들과 간단하게는 오늘의 워크숍이 어땠는지 소감을 나눕니다. 소감을 들으며 퍼실리테이터는 워크숍에 대한 피드백을 받기도 합니다. 워크숍을 스스로 돌아보면서 '잘된 점, 아쉬운 점, 다시 한다면 어떻게 잘 할 수 있을지'에 대한 회고의 시간을 갖습니다. 여행에서도 회고의 시간을 갖습니다. 여행을 마치고 일기를 쓰거나 사진을 정리하며 여행을 돌아보는 시간을 갖습니다. 관련 정보를 공유하기 위해 블로그에 여행 후기를 남기기도 합니다.

퍼실리테이션을 만나다

지금까지 퍼실리테이션과 여행의 공통점을 정리해봤습니다. 워크숍 퍼실리테이션이 막연하거나 어려웠던 분들은 여행을 떠올리며 설레는 마음으로 이 책을 읽어보시길 추천 드립니다. 이미 많은 경험을 하신 퍼실리테이터 분들은 새로운 여행을 떠나는 기분으로 이 책을 함께 읽고 공감할 수 있었으면 좋겠습니다.

"어떤 워크숍 퍼실리테이션(여행)을 좋아하시나요?"

✤ 여행과 워크숍 퍼실리테이션의 공통점

- '다양성'이 있다
- '준비가 80%' 이상이다
- 많은 '변수'가 존재한다
- '기록'이 중요하다

- '방향성'과 '목표'가 있다
- '시간 관리'가 중요하다.
- 함께하는 '사람에 대한 신뢰'가 기반이 된다
- 'Reflection-회고'의 과정이 있다

워크숍 퍼실리테이션
어디서부터 어디까지
준비해야 하나요?

워크숍 퍼실리테이션을 하려면 무엇부터 해야 할까요? 준비가 중요하다는 것은 알고 있지만 막상 워크숍 퍼실리테이션을 시작하려고 하면 어디부터 어디까지 준비해야 할지 막연할 수 있습니다. 저 또한 처음 퍼실리테이션을 했을 때 같은 고민을 했었습니다. 워크숍 사전 준비와 관련해 퍼실리테이터들과 대화를 나눈 적이 있습니다.

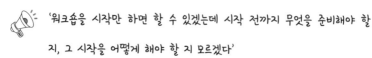 '워크숍을 시작만 하면 할 수 있겠는데 시작 전까지 무엇을 준비해야 할 지, 그 시작을 어떻게 해야 할 지 모르겠다'

'워크숍 퍼실리테이션을 하려면 사전 준비를 얼마나 하는 게 적절할까요?'

퍼실리테이션을 만나다

워크숍 퍼실리테이션 입문 과정을 강의하면 사전 준비 '시간'에 대한 질문이 꼭 나옵니다. 퍼실리테이터마다 답변이 조금씩 다를 순 있겠지만 저는 준비 80, 실전 20이라고 얘기합니다. 사전에 80의 시간을 할애해 더 많은 대안과 워크숍에서 일어날 수 있는 다양한 상황에 대해 미리 고민한다면 워크숍 당일에 일어날 20은 순조롭게 퍼실리테이팅 할 수 있을 것이라고 생각하기 때문입니다. 이번 장에서는 워크숍 퍼실리테이션 준비에 대한 내용을 '사전 준비 체크리스트, 워크숍 설계를 위한 인터뷰, 워크숍 설계하기'로 나누어 다뤘습니다.

✛ 가. 사전 준비 체크리스트

"봄날의 하루가 일년 농사를 결정한다"라는 말이 있습니다. 한 해 농사를 시작하는 봄철 농사의 하루하루가 매우 중요함을 비유적으로 이르는 말입니다. 워크숍 퍼실리테이션을 하면서 거듭 느낀 점은 사전 준비 단계가 바로 "한해 농사의 시작인 봄날의 하루"와 같다는 생각입니다. 일년 농사의 시작, 즉 워크숍을 만들어가는 그 시작이기 때문입니다. 제가 워크숍 퍼실리테이션을 하면서 겪었던 시행착오와 이것 만은 워크숍 준비 단계에서 최소한으로 확인하면 좋겠다는 바람으로 체크리스트를 만들었습니다. 봄날의 하루를 어떻게 시작해야 할지 고민되신다면 '워크숍 퍼실리테이션 사전 준비 체크리스트'를 활용해보기 바랍니다.

이 체크리스트는 워크숍 퍼실리테이션을 해야 하지만 너무 막연해서 혹은 시간이 촉박해서 무엇부터 준비해야 할지 어려워하는 퍼실리테이터분들께서 활용하면 좋을 것 같습니다. 이미 잘 하고 계신

퍼실리테이션 사전준비 체크리스트

사전 인터뷰	인터뷰 진행여부	워크숍 기간	1회 또는 여러 횟수
	인터뷰 불가피 시 대안 확인		워크숍 시간
워크숍 목표	이성적 목표*		워크숍 전후 일정 여부
	경험적 목표**	퍼실리테이션 도구	고객사 준비 사항
참여자	인원		퍼실리테이터 준비 사항
	연령대		추가 구매 품목
	퍼실리테이션 경험 정도		다과 - 준비 품목 및 시간
	사전 확인이 필요한 참여자 (빅 마우스 등)	리프레쉬먼트 (Refreshment)	식사
	대립 구조 여부		선물(우수 참여자, 아이스브레이킹 용 등)
	스폰서(의사결정권자) 및 내빈 참석여부		배경 음악 준비여부
워크숍 장소	장소 크기	결과물	결과물의 구체화 정도***
	시설 (빔 프로젝터, 노트북, 마이크 등) 여부		정량적/정성적 결과물 선호도****
	의자/테이블 개수, 이동형 책상 여부	고객사 이슈 파악 활동	참여자 인터뷰 시행
	벽면 활용 가능 여부		인터넷 검색 (신문기사, 홈페이지, 전자공시 시스템 등)
	기타 공간 (바닥, 문, 천장 활용및 공간 분리) 가능 여부		* 기타 고객의 요청사항 확인

* 이성적 목표(The Rational Aim)는 워크숍의 결과와 관련된 목표로 아이템 목록, 서술형 보고서, 우선순위 목록, 해결책 등을 말한다.
** 경험적 목표(The Experiential Aim)는 '워크숍을 어떻게 경험하기를 원하는 가'와 관련된 목표로 신뢰, 흥미, 격려 등 그룹이 마지막에 어떻게 달라져야 하는가를 담고 있다.
*** 워크숍 결과물이 아이디어 리스트인지, 당장 실행할 아이디어 인지에 따라 워크숍 설계가 달라 질 수 있어 사전에 확인이 필요하다.
**** 정량적인 결과물이 중요할 경우 많은 결과물(아이디어)를 도출하는 방식으로 워크숍이 설계될 것이며, 정성적인 결과물이 중요할 경우 아이디어를 검증하고 보완하는 방식으로 워크숍이 설계된다.

퍼실리테이션을 만나다

분들은 각자의 노하우를 반영한 기존의 방법을 활용해도 좋습니다.

A사 사례는 어떤 단계나 내용들로 사전 준비가 진행되는지, 사전 준비가 워크숍에 어떤 영향을 미치는 지 이해를 돕기 준비했습니다. A사 워크숍의 경우 130여명을 대상으로 시행한 원탁회의 형태의 대규모 워크숍입니다.

☑ 사전준비가 다 한 A사 워크숍

워크숍에서 저의 역할은 전체 워크숍을 설계하고 각 테이블에 들어가는 테이블 퍼실리테이터 11명과 긴밀한 협업을 통해 결과물을 도출하는 메인 퍼실리테이터 역할이었습니다. 워크숍을 의뢰 받고 퍼실리테이팅하기 위해 어떤 부분들을 준비해야 할지 다음과 같이 정리했습니다. (워크숍 의뢰자를 고객으로 표현)

A사 워크숍 사전 준비사항

1. 워크숍 고객과 사전 미팅(오프라인 선호, 어려울 경우 온라인/전화)

   사전 미팅을 통해 워크숍 취지, 주제, 배경, 참여자에 대한 이해, 워크숍의 결과물, 워크숍 장소 및 사전 답사 가능여부, 당일 지원 가능한 사항(빔프로젝터, 마이크, 비품, 식사 등), 워크숍 전후 일정(워크숍이 오후 2시부터라면 그 앞 뒤에 어떤 일정이 있는지 등) 확인

2. 테이블 퍼실리테이터와 회의(온라인 화상회의)

  워크숍 배경을 포함해 의뢰자에게 전달 받은 내용 공유 및 추가 확인

  사항 의견 수렴, 워크숍 설계안 공유 및 발생 가능한 리스크 사전 검

  토, 사전 준비사항 및 역할 공유 등

3. 워크숍 장소 사전 답사

  공간 규모, 시설(컴퓨터, 프로젝터, 마이크 등), 테이블별 위치, 테이블

  퍼실리테이터 조별 선정, 벽 활용 가능 공간, 결과물 게시 위치 확인,

  동선 확인 등

4. 워크숍 시행을 위한 추가 제반 사항 확인

  당일 현장 지원 인력(게시물 정리) 및 기타사항

5. 워크숍 종료 후 퍼실리테이터 미팅

  좋았던 점, 아쉬웠던 점, 참여자들 반응 및 피드백, 추후 개선 사항 등

  확인

정리한 내용을 바탕으로 워크숍 준비를 시작했습니다.

먼저 워크숍 고객과의 사전 오프라인 미팅을 계획했습니다. 아쉽게도 고객 여건상 오프라인 사전 미팅이 어려웠습니다. 대안으로 메일과 전화 통화를 통해 워크숍과 관련된 사항들을 파악했습니다.

그 결과 아래와 같이 워크숍에 대해 정리할 수 있었습니다.

A사 워크숍 고객에게 확인한 사항

- 워크숍 취지 : 조직 내 젊은 직원을 대상으로 하는 조직 문화 개선 워크숍
- 참여자 : 조직 별로 선정된 젊은 직원들임, 서로 처음 만난 사람들도 있음
- 워크숍 목표

  이성적 : 조직문화 개선을 위한 아이디어 발굴, 당장 실행할 수 있는 구체적인 아이디어

  경험적 : 참여자들이 함께 조직 문화를 바꿔 나갈 수 있다는 동기부여 퍼실리테이션을 통한 소통하는 조직문화 경험
- 워크숍 장소 : 약 200명 수용 가능한 연회홀, 전날 오후에 미리 전화 주면 사전 답사 가능
- 당일 지원가능 사항 : 빔 프로젝터, 마이크, 식사 및 필요 시 인력 지원 가능
- 워크숍 전후 일정 : 오전부터 행사를 시작해 점심식사 이후 5시간 워크숍으로 진행 예정
- 기타 사항 : 3개의 주제를 토의(주제1~4조,주제2~5조,주제3~9~12조)

  설문용 투표기를 오전에 활용 예정으로, 원하면 오후 일정에 무료로 사용 가능

  별도 세팅 시간이 없어 점심시간을 활용해 워크숍 세팅을 해야 함

  퍼실리테이터들은 점심시간 이전에 먼저 식사

테이블 퍼실리테이터들과 진행 현황을 공유하는 1차 온라인 미팅을 시행했습니다. 보통은 퍼실리테이터들과 사전 미팅을 오프라인에서 진행합니다. 이번 워크숍의 경우, 10명이 넘는 테이블 퍼실리테이터가 전국에 있어 오프라인 미팅이 어려웠습니다. 대안으로 온라인 미팅을 시행했고 워크숍 배경과 고객에게 전달받은 내용 공유했습니다.

1차 온라인 미팅을 마무리하고 회고하면서 이런 생각이 들었습니다. '이번 워크숍은 테이블 퍼실리테이터의 역할이 정말 중요하겠구나! 메인 퍼실리테이터가 워크숍을 잘 설계하고 퍼실리테이팅 하더라도 참여자들과 직접 소통하는 테이블 퍼실리테이터가 워크숍에 대한 이해도가 낮다면 워크숍 결과물 도출이 어려울 수 있겠구나! 또 테이블 퍼실리테이터가 프로세스에 대한 공감대 형성이 안 되면(왜 이러한 방법을 쓰고 이러한 프로세스로 진행하는지 등) 워크숍이 산으로 갈 수 있겠구나!' 다음 단계에서도 테이블 퍼실리테이터와 소통하면서 워크숍을 정교화해 나갔습니다.

고객과도 지속적으로 소통했습니다. 워크숍 당일까지 다양한 변경사항이 생길 수 있기 때문입니다. 실제로 워크숍 시간이 5시간 반에서 3시간 반으로 축소되었습니다. 참여자수도 변경되서 테이블의 개수가 1개 늘어나 테이블 퍼실리테이터가 1명 더 필요하게 됐습니다. 이를 반영해 워크숍 시나리오와 사전 준비 사항 등을 수정했습니다. 테이블 퍼실리테이터들과 2차 온라인 미팅에서는 설계된 워크숍 시나리오를 설명하고 보완해야 할 점 등을 주고 받는

퍼실리테이션을 만나다

시간을 가졌습니다. 파워포인트 장표를 순서대로 설명하고, 엑셀 시간표를 통해 시간대별 테이블 퍼실리테이터의 역할과 준비물에 대해 설명했습니다. 이해가 안가는 부분이나 워크숍의 몰입을 위해 활용했으면 하는 다른 방법에 대한 제안, 발생 가능한 리스크에 대해 토의하고 시나리오를 보완했습니다. 미팅 끝난 후에는 수정된 내용을 반영해 테이블 퍼실리테이터에게 공유했습니다.

정리된 시나리오를 워크숍 고객에게 전달해 시나리오와 결과물에 대해 확인하는 과정을 지속적으로 진행했습니다. 참여자 명단을 미리 받아 미리 확인해야 할 사항이나 조 구성에 대한 의견도 나누었습니다. 워크숍 성격에 따라 같은 소속의 참가자들끼리 모여 아이디어를 내는 것이 더 효과적인 워크숍도 있지만 다양한 소속의 참여자가 한 테이블에 참석하는 것이 효과적인 워크숍도 있기 때문입니다. 이번 워크숍은 후자의 성격으로 참여자의 소속과 연령, 성별 등을 고려하여 다양한 참여자들이 한 테이블에 앉을 수 있도록 조를 구성했습니다.

워크숍 전날에는 워크숍 장소를 미리 방문했습니다. 워크숍 장소 사전 답사는 고객과 테이블 퍼실리테이터 중 시간이 가능한 분들과 함께 했습니다. 설계한 대로 워크숍을 진행할 수 있도록 동선과 테이블 배치, 결과물을 게시할 장소도 꼼꼼히 체크했습니다. 워크숍 장소에서 지원되는 빔프로젝트, 마이크, 노트북 사용 여부, 요청한 준비물 준비 상황에 대해서도 확인했습니다. 워크숍 장소의 테이블 중앙에는 내빈들이 앉을 수 있도록 하자는 추가 요청도 반

[그림3. 사전 미팅 시 테이블 퍼실리테이터에게 공유한 조별 테이블 및 활동 결과물 게시 위치]

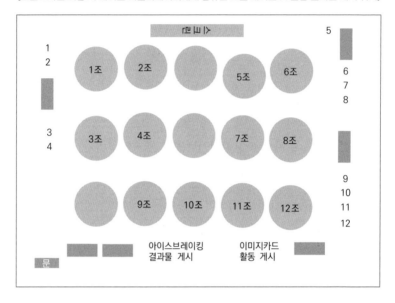

영했습니다. 또 사전 소통 시 사용 가능 하다고 했던 개별 노트북은 현장 엔지니어를 통해 사용이 어렵다는 답변을 받아 자료를 USB에 미리 담아오는 것으로 변경했습니다. 함께 동행한 테이블 퍼실리테이터에게 의견을 구해 워크숍 장소에 대한 확인을 보다 효율적으로 진행할 수 있었습니다. 마지막으로 저녁에 있을 사전 리허설에 테이블 퍼실리테이터에게 공유할 자료를 만들었습니다.

위의 내용을 바탕으로 테이블 퍼실리테이터와 전날 사전미팅을 진행했습니다. 사전에 준비했던 워크숍 장표와 시간표를 출력해 전체 워크숍을 설명했습니다. 약 4시간의 토의를 통해 보완해야 할 부분이나 발생 가능한 이슈에 대해 함께 나눴습니다. 130여명을 대상으로 메인 퍼실리테이터와 테이블 퍼실리테이터가 함께 호흡을

퍼실리테이션을 만나다

[그림4. 워크숍 도출 결과물 부착 배치도]

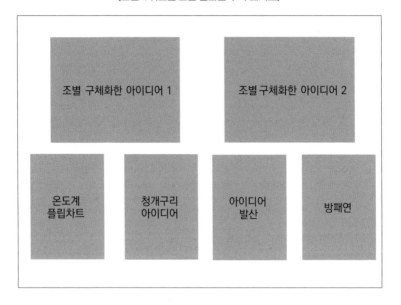

맞춰 본 적이 없었기에 워크숍에 대한 컨센서스를 이루는 4시간은 정말로 중요한 시간이었습니다. 다음날 워크숍에서 결과물 작성에 소요되는 시간을 줄이기 위해 이젤패드*에 미리 제목을 쓰고, 아이디어 구체화 표를 그리는 시간을 가졌습니다. 역할 선정 활동 시간을 줄이기 위해 역할 표를 라벨지(스티커로 된 용지)에 미리 출력하고 역할이 선정되면 바로 붙일 수 있도록 준비했습니다. 마지막으로 워크숍 참여자들과 직접 소통하고 결과물을 도출하는 테이블 퍼실리테이터의 역할이 중요함을 다시 한번 강조하면서 사전 미팅을 마무리했습니다.

* 3M에서 나온 대형 포스트잇

다음 날 오전 워크숍 장소에 미리 도착해 결과물을 게시할 장소 및 동선에 대해 테이블 퍼실리테이터들과 확인하는 시간을 가졌습니다.

📢 테이블 퍼실리테이터1 : "여러 번의 온라인 미팅을 통해 전날 오프라인 미팅에서도 당황하지 않을 수 있었다"

📢 테이블 퍼실리테이터2 : "전날 이젤패드를 미리 작성한 것이 시간을 줄이는 데 많은 도움이 되었다. 또 이젤패드를 작성해서 참여자들에게 설명하고 토의를 진행하니 보다 순조롭게 진행되어 좋았다"

A사 워크숍 사전 준비 프로세스

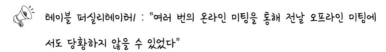

STEP1	· 고객과 통화 : 니즈 파악 - 워크숍 관련 전반적인 정보파악(배경, 목적, 결과물, 시행장소,참석자,워크숍 시간 등)
STEP2	· 테이블 퍼실리테이터와 온라인 1차 회의 - 고객 니즈 파악 사항 공유(워크숍 배경 및 목적, 도출예정 결과물 등), 확인사항 및 의견 수렴
STEP3	· 고객과의 지속적인 소통_변동사항 확인 - 시간 및 참석인원 변동 확인
STEP4	· 워크숍 설계 - 고객 니즈 및 온라인 1차 회의 내용 반영
STEP5	· 테이블 퍼실리테이터와 온라인 2차 회의 - 워크숍 설계 장표(PPT) 및 타임테이블 공유, 발생 가능한 Risk 토의
STEP6	· 워크숍 장소 사전 답사 - 빔프로젝터, 마이크 관련 시설 확인, 테이블 배치, 이동 동선, 워크숍 활동 결과물 배치 등 파악
STEP7	· 테이블 퍼실리테이터와 오프라인 사전 미팅 - 워크숍 시나리오 최종 컨센서스, 장소/결과물 정리 사항 공유, 사전 준비가 필요한 이젤패드 제작
STEP8	·워크숍 당일 현장 미리 도착 후 테이블 퍼실리테이터와 시나리오 및 역할 최종 확인

기존에 퍼실리테이팅 했던 대다수 워크숍은 전일 일정이 많았습니다. 이와 달리 A사 워크숍은 오전에는 자체 행사를 하고 오후에 워크숍이 진행되는 일정이었습니다. 이에 워크숍 이전 행사에서 무엇을 하는지 사전 준비단계에서 확인이 필요했습니다. 예를 들면 오전에 친교 시간을 포함한 레크리에이션을 했다고 가정해 보겠습니다. 이 경우 오후에는 아이스브레이킹 시간을 축소하거나 겹치지 않는 콘텐츠로 준비해야 합니다. A사 워크숍은 오전에 사전 시행 설문 결과를 리뷰하는 시간을 갖는다는 답변을 들었습니다. 별도의 아이스브레이킹이나 참여자간 인사 나누는 시간이 없다는 것을 확인 할 수 있었습니다. 자연스럽게 워크숍 시작에는 자기소개 하고 즐거운 분위기에서 워크숍을 시작할 수 있는 아이스브레이킹을 준비하는 것이 좋겠다고 생각했습니다. 워크숍 참여가 처음인 분들이 다수어서 간단하지만 흥미를 불러일으키기 좋은 활동인 '왼손 초상화 그리기'를 진행했습니다. 참여자간 서로 인사를 나누고 기대사항을 공유하면서 워크숍에 대한 흥미를 높일 수 있었습니다. 참여자 중 한 분은 "오전엔 종일 스크린만 보고 테이블에서 인사도 안하고… 어색했는데 서로 웃으면서 인사하고 나니 분위기가 한결 부드러워졌다"라는 피드백을 주시기도 했습니다.

A사 사례는 사전 준비 단계에서 워크숍 전후의 일정과 발생 가능한 리스크를 고려해 워크숍을 설계한 워크숍이었습니다. 여러 단계를 거쳐 준비한 덕분에 워크숍을 큰 이슈 없이 잘 마무리할 수 있었습니다. 다시 한 번 워크숍 사전 준비의 중요성에 대해 생각하게

된 계기였습니다.

❖ 나. 워크숍 설계를 위한 인터뷰

워크숍 체크리스트를 통해 사전 준비에 대한 확인이 끝났다면 다음 단계에서는 워크숍 설계를 위한 '인터뷰'를 시행합니다. 워크숍 퍼실리테이터가 어떤 질문과 의도로 인터뷰를 하느냐에 따라 설계 전 파악할 수 있는 사항이 있습니다. 워크숍 주제에 대한 참여자들의 생각뿐만 아니라 조직의 분위기나 상황 등도 파악할 수 있습니다 인터뷰 내용에 따라 워크숍 프로세스나 콘텐츠가 달라질 수 있습니다. 인터뷰 준비 어떻게 해야 할까요?

먼저 워크숍 주제와 목적, 결과물이 확정되었다면, 인터뷰 대상자를 선정합니다. 워크숍 고객(의뢰자),참여자, 필요한 경우 해당 분야의 전문가 등입니다. 인터뷰 대상자 선정은 인터뷰를 위해 할애할 수 있는 시간과 일정 등을 안배해 선정합니다.

두 번째로 인터뷰 질문을 준비합니다. 인터뷰 질문은 10개 내외로 하되, 인터뷰 대상자가 많을 경우 5개 내외로 하는 것이 좋습니다. 인터뷰 대상자에 따라 질문의 내용은 달라집니다. 여기서는 워크숍 참여 예정자를 대상으로 인터뷰를 한다고 가정하겠습니다. 참여자들의 워크숍에 대한 기대사항을 포함해 워크숍 주제에 대한 이해도, 참여 그룹의 분위기 등을 파악할 수 있는 질문이 좋습니다.

마지막으로 인터뷰 장소와 시간을 선정합니다. 일반적으로 대

인터뷰 질문 예시_신사업 아이템 발굴 워크숍

- 이번 워크숍에 대해 어떤 내용을 알고 있나요? (모를 경우 워크숍에 대해 설명)

- 워크숍에서 어떤 것들을 기대하나요? (정성적, 정량적, 정서적 포함)

- 기존에 이번 워크숍처럼 사람들끼리 모여 신사업에 대해 얘기를 나눈 적이 있나요? 있다면 어떤 얘기들을 나눴나요?

- 신사업과 관련 제가 사전에 알고 있어야 할 내용은 어떤 것인가요?

- 그룹 내 신사업과 관련해 분위기는 어떤가요?

- 신사업과 관련해 이번 워크숍에서 꼭 다뤘으면 하는 내용은 어떤 것인가요?

- 최근 조직의 이슈 사항이나 관심 사항은 어떤 것인가요?

면 인터뷰를 많이 하지만 시간이나 상황이 어려울 경우 온라인이나 전화로 미팅을 할 수도 있습니다. 온라인 워크숍이라면, 사전 인터뷰에서 온라인 플랫폼을 활용해 인터뷰를 하는 것도 좋습니다. 이 경우, 참여자는 워크숍 플랫폼을 미리 경험해 볼 수 있어 워크숍 당일 플랫폼에 사용에 대한 혼선을 줄일 수 있습니다.

1. 인터뷰 대상자 선정
2. 인터뷰 내용(질문 리스트) 작성
3. 인터뷰 장소 및 시간 선정

인터뷰가 끝나면 각 인터뷰 내용을 퍼실리테이터들과 함께 보면서 워크숍 설계 자료로 활용합니다.

☑ 사전 인터뷰의 중요성을 알게 한 K사 워크숍

K사는 몇 해 전 비전수립 워크숍을 진행했었고, 후속 워크숍으로 비전을 점검하고 재수립하는 워크숍을 의뢰했습니다.

첫 인터뷰는 워크숍을 의뢰하신 대표님과 오프라인 및 전화로 진행했습니다. 인터뷰는 워크숍 목적과 회사의 분위기에 대한 질문으로 시작했습니다. 인터뷰를 통해 워크숍에 대한 대표님의 관심과 기대사항을 들을 수 있었습니다. 업의 특성상 일이 비수기와 성수기가 구분되어 업무 강도가 시기별로 다르다는 점, 소규모 회사이다 보니 한 직원이 다양한 업무를 해야 하는 점, 타 업종대비 근속년수가 짧고 이직이 많다는 사실 들을 알게 됐습니다. 기존에 시행한 워크숍 결과물이 비전, 미션 등이었는데 이후 결과물 이행이 어떻게 되었는지도 질문했습니다. 이 질문을 통해 다시 비전수립 워크숍을 하려는 이유에 대해서도 알 수 있었습니다.

K사 워크숍은 조직 문화가 반영된 비전 수립이 주 목표였습니다. 대표님께 이해를 구하고 전직원 인터뷰를 하기로 했습니다. 대표님 생각과 구성원 생각이 어떤지를 확인하고 워크숍에 대한 공감대를 형성하는 계기로 삼으면 좋겠다는 생각 때문이었습니다. 워크숍을 같이 준비하는 Co 퍼실리테이터*와 동행해 직원 인터뷰를 했

---

* Co 퍼실리테이터, 협업 퍼실리테이터라고도 불리며 메인퍼실리테이터를 도와 워크숍을 퍼실리테이팅한다.

습니다. 인터뷰는 편하게 얘기 할 수 있는 분위기 조성을 위해 한 분씩 진행했습니다. 워크숍 기대 사항과 더불어 조직 내에서 함께 나눴으면 하는 이야기들, 조직 문화와 분위기 등을 질문했습니다.

인터뷰 결과 대표님과 입사 3년 미만의 직원들의 생각이 다르다는 것을 확인할 수 있었습니다. 먼저 소통 관련 질문에서 대표님은 대다수의 직원들과 소통이 잘 된다고 답변하셨지만 직원들 생각은 조금 달랐습니다. 친한 직원들끼리 2~3명씩은 얘기해도 다른 직원들과는 얘기를 거의 안하고 서로 잘 모른다고 답했습니다. 업무 관련 소통에는 대표님이 전문가이고 워낙 추진력이 있다 보니 좋은 점이 많다고 답했습니다. 그렇지만 이 점 때문에 업무에 있어서 대표님과 소통이 잘 안 된다는 내용도 덧붙였습니다. 두 그룹의 공통된 의견은 서로에 대해 더 알아가는 시간을 갖고 싶다는 것이었습니다.

인터뷰 결과 요약

구분	대표	직원
워크숍 기대사항	비전수립, 공감대 형성	뭐 하는지 궁금하다 재미있게 했으면 좋겠다
조직문화, 소통	규모가 작다 보니 서로 잘 알고 있다 새로운 직원들과는 아직 어색하다 서로 소통은 잘되는 편이다	조직이 작아도 서로 얘기를 안 하니 서로 잘 모른다 잘 모르는데 서로 생각을 얘기하는 건 좀 부담스럽다
공통사항	서로에 대해 알아갔으면 좋겠다	

인터뷰 내용을 바탕으로 워크숍 설계를 시작했습니다. '어떻게 시작을 할까?', '시간 구성은 어떻게 하지?' 라는 질문을 염두에 두고 아래와 같이 워크숍을 정리해봤습니다.

1. K사가 워크숍을 요청한 목적은 비전을 수립하는 것이다
2. 워크숍 참석대상자 전원은 서로에 대해 알아가는 시간을 충분히 가지길 원한다
3. 대표님은 워크숍 결과물(비전 및 미션)에 대해 구성원들이 공감대를 형성하길 원한다
4. 직원들은 하루 종일 워크숍을 하는 것에 대한 심적 부담감이 크다
   (직원들이 다 모여 이렇게 얘기를 해본 적이 없어 시간과 분위기 등이 부담스러움)

이 내용을 워크숍에 반영 해 설계하기 위해 워크숍 의뢰자인 대표님께 인터뷰 내용과 시사점을 전달 드렸습니다. 아래와 같이 워크숍 방향성을 정리할 수 있었습니다.

워크숍 방향성을 정리하면서 인터뷰 내용을 되짚어 봤습니다. 이번 워크숍은 '서로에 대해 알아가는 시간'을 통해 참여자들이 마음을 여는 것이 중요하다는 생각이 들었습니다. 그렇지 않을 경우, 워크숍 나아가 조직 문화에 대한 얘기를 하는 데 몰입되지 않을 것이라고 생각했기 때문입니다. 해당 부분에 보다 깊게 고민해 워크

1. K사가 워크숍을 요청한 목적은 비전을 수립하는 것이다

  ···▶ 비전에 대해 부담 없이 이해할 수 있는 콘텐츠 제공을 통해 워크숍
      목적 및 결과물 명확화

2. 워크숍 참석대상자 전원은 서로에 대해 알아가는 시간을 충분히 가지
  길 원한다

  ···▶ 아이스브레이킹과 SPOT 시간을 충분히 할애

  ···▶ 서로의 성격이나 업무 추진 방식을 이해할 수 있는 콘텐츠 준비

3. 대표님은 워크숍 결과물(비전 및 미션)에 대해 구성원들이 공감대를 형성
  하길 원한다

  ···▶ 회사의 비전과 미션이 나에게 어떤 관계가 있는지, 달성하기 위
      해 어떤 것을 함께 해야 할 지에 대한 소그룹 토의 시간 마련

4. 직원들은 하루 종일 워크숍을 하는 것에 대한 부담감이 크다

  (직원들이 다 모여 이렇게 얘기를 해본 적이 없어 시간과 분위기 등이 부담스러움)

  ···▶ 대표님 개입을 최소화

  ···▶ 토의 시 연차별 소그룹을 구성해 보다 편안한 분위기 조성

  ···▶ 타임테이블을 벽에 게시하고, 진행상황에 대한 사전 합의

숍을 설계했습니다.

K사 워크숍이 끝나고 회고하는 시간을 가졌습니다. 대표님 얘기
만 듣고 워크숍을 설계했다면 구성원간 소통 부재와 조직문화에 대
한 부분을 간과하고 진행됐을 것입니다. 조직 발전을 위해 직원들
이 함께 만들어 가야 할 비전에 대해서도 수박 겉핥기로 진행 되었

을 것이라고 생각하니 인터뷰를 꼼꼼하게 한 것이 너무 다행이었습니다. 전 직원 인터뷰를 하는 과정이 다소 번거로울 수 있었지만 '조직 문화'를 다루는 이번 워크숍에서는 꼭 필요한 단계였습니다.

✥ 다. 워크숍 설계하기

어렸을 때 한 번쯤 읽어봤던 '아기 돼지 삼형제'라는 동화를 기억하나요? 아기 돼지 삼형제가 엄마로부터 독립해 각자의 집을 짓는 이야기입니다. 엄마 돼지는 삼형제에게 튼튼하게 집을 지으라고 얘기합니다. 첫째는 지푸라기로, 둘째는 나무로, 셋째는 벽돌로 집을 짓습니다. 이 때, 늑대가 나타나 삼형제의 집을 찾아옵니다. 늑대는 입김으로 지푸라기로 지은 첫째의 집과 나무로 지은 둘째의 집을 날려버립니다. 벽돌로 지은 셋째의 집도 입김으로 날려버리려고 했으나, 튼튼한 벽돌로 잘 지은 집은 무너지지 않았습니다. 어린 시절 이 동화를 읽으면서 '내가 집을 지으면 힘들어도 꼭 벽돌집을 지어야지!'라고 생각했던 기억이 납니다.

워크숍 퍼실리테이터로 활동하면서 '아기 돼지 삼형제'라는 동화를 다시 떠올리니 워크숍을 설계하는 것이 바로 아기 돼지들의 집 짓기와 비슷하다는 생각이 듭니다. 삼형제는 '집'이라는 결과물을 만드는데 있어서 어떤 재료로 어떻게 집을 지을지 각자 선택을 합니다. 워크숍 퍼실리테이터가 결과물을 만들기 위해 어떤 도구와 방법을 활용할 지 선택해 워크숍을 설계하는 것과 같습니다. 같은 워크숍이더라도 퍼실리테이터가 어떤 도구와 방법을 어떤 순서로 설계하느냐에 따라 결과물이 달라질 수 있습니다. '튼튼한 벽돌집' 같은 워크숍 설계는 어떻게 하는 것이 좋을까요?

먼저 워크숍 체크 리스트와 인터뷰 결과를 바탕으로 워크숍을 어떻게 진행할 지 시간 계획을 세웁니다. 아이스브레이킹부터 시작해 현황 파악, 아이디어 발굴, 의사 결정 등에 얼마의 시간을 할애할 지 결정하는 것입니다. 인터뷰에서 참여자간 소통이 필요하다는 부분이 파악 되었으면, 아이스브레이킹 또는 서로를 이해할 수 있는 시간을 길게 배분할 수도 있습니다. 또 아이디어 발굴이 익숙하지 않거나, 많은 아이디어를 찾길 원한다는 고객의 요구가 있었을 경우 더 많은 시간을 안배할 수도 있습니다.

시간 안배가 끝났다면, 각 시간대별로 어떤 내용들을 토의할 지 정리합니다. 이 때, 워크숍 참여를 촉진할 수 있도록 어떤 도구를 쓸 지 고민해 함께 작성합니다. 특정 도구나 방법을 꼭 사용해야 하는 것은 아닙니다. 사용했을 경우, 참여자들이 무슨 말을 해야 할 지 모를 때 입을 열게 도와주거나 창의성과 참여를 촉진할 수 있습니다. 에너지가 떨어지는 순간에는 에너지를 올리는 역할도 할 수 있습니다. 도구나 방법을 활용할 경우 한 가지만 생각하는 것이 아니라 예비로 2~3가지의 대안을 추가로 준비하는 것도 좋습니다. 해당 도구나 방법을 참여자들이 생각보다 어려워할 수도 있고, 원하는 결과물이 나오지 않을 수 있기 때문입니다. 만약의 상황을 준비하고 실제 그 상황이 일어날 경우 대안을 활용하는 것도 좋습니다.

도구나 방법에 대한 내용은 [부록3]을 참고하면 됩니다.

워크숍 시나리오 작성 양식

시 간	Min.	구 분	내 용

워크숍 시나리오 작성 예시

시 간	Min.	구 분	내 용
12:30-12:37	7	오프닝	워크숍 소개 - 워크숍 배경 설명, 퍼실리테이터 소개, 그라운드 룰, 워크숍 프로세스 설명
12:37-12:55	18		아이스브레이킹 - 왼손 초상화 그리기 및 기대사항 공유, 조장 선발
12:55-13:20	5	Session I	조별 주제 PPT 소개
	20		각 조별 주제를 들었을 때 떠오르는 이미지 공유하기 (이미지 카드 활용)
13:25-13:55	30	Session II	주제별 이상적인 상황이 100점이라면 현황(허들) 점수주고 그 이유/문제점 공유하기
13:55-14:105	10	Session III	역브레인스토밍 활용 주제를 망치는 아이디어 찾기
14:05-14:20	15		역브레인스토밍 참고 조별 주제를 활성화 할 수 있는 아이디어 브레인스토밍하기
14:20-14:50	30		방패연(피자기법)을 활용한 아이디어 추가 발굴하기
14:50-15:05	15		조별 결과를 투표(브레인스토밍 내용/핸드워드 아이디어 중 TOP3 선정)
15:05-15:20	15		쉬는 시간 (조장 미팅_조별 구체화 아이디어 2가지 선정)
15:20-15:45	25	Session IV	아이디어 구체화하기_실행부서, 예산, 실행기한, 기대효과(정성적/정량적) 등
15:45-16:05	20		Gallery Walk : 조별로 조장만 남고 전 좌석자(내빈포함)가 돌아다니며(1->2->3->1) 주제별 아이디어 설명 듣고 투표하기
16:05-16:17	12		주제별 가장 많은 표를 같은 1개 아이디어씩 발표_아이디어당 3Min.
16:17-16:25	8	Closing	소감공유/실천다짐
16:25-16:30	5		전체 클로징(사진영상 시청) 및 마무리
16:30-16:36	5		예비시간

대략적인 시나리오 작성이 끝났다면 구체적인 워크숍 큐시트를 작성합니다. 큐시트에는 분 단위 세부 활동 외에도 준비물 등을 작성합니다. 메인 퍼실리테이터 외에 Co 퍼실리테이터나 테이블 퍼실리테이터가 있다면 역할을 명시하는 것도 좋습니다.

워크숍 큐시트 작성 예시

Min.		구 분	내 용	비 고	진행
7	7		워크숍 소개 - 워크숍 프로세스 소개, 퍼실리테이터 소개, 그라운드 룰	PT로 작성 및 주제/그라운드 룰 삼각명패로 제작	Main
18	3	오프닝	왼손초상화 그리기 설명 및 진행	6각도형, 네임펜 활용해 그리기	Main
	15		- 조 내에서 작성 내용 공유(1인당 1분) 및 조장/역할 선정 (조 내에 역할 PPT로 의중)	CO FT에게 전달 후 벽면 게시(활동)_플립차트 활용_임시접착 스프레이	Table FT
5	5		조별 주제 PPT 소개		Main
20	2	Session I	각 조별 주제를 들었을 때 떠오르는 카드를 1장 고르고, 그 내용을 포스트 잇에 대한 설명(단어, 문장 무방)로 작성하기 안내	포스트잇, 네임펜, 조별 이미지카드	Main
	18		작성 내용 조에서 공유하고 결과물 플립차트에 붙이기	조별 주제가 작성된 플립차트(임시접착스프레이 미리 뿌려놓음)에 결과물 붙이기	Table FT
30	2	Session II	조별 온도계 작성 안내		Main
	28		- 몇 도 인지 생각해보고 2가지 문장으로(목적어+동사) 작성하기 (3분) - 조 내에 작성내용 공유(1명당 1분 30초 내외) 돌아가면서 생각한 온도를 스티커로 표시하고 온도 옆에 포스트 잇 붙이기 - (선택) 추가 의견 받기 및 표의 화살표 (5분) - 비슷한 내용은 그룹핑하고 네이밍하기 - 문제점 리뷰하고 마무리하기 (조 한쪽에 볼 수 있도록 비치)	포스트잇, 닷팅 스티커 온도계 플립차트 및 이유 작성_COFT에게 전달_대형으로 작성해 주제별 뒤에 게시	Table FT
10	2		역브레인스토밍 활용 주제를 망치는 아이디어 찾기_청개구리 아이디어 찾기 안내		Main
	5		조별로 플립차트에 문장 중심으로 작성	미리 주제를 문장으로 작성한 플립차트에 넘버링 통해 작성	Table FT
	3		가장 많이 적은 조 선물 증정	재청담당자가 선물 수령	Main
15	1		역브레인스토밍 참고 조별 주제를 활성화 할 수 있는 아이디어 브레인스토밍 안내		Main
	14	Session III	조별로 플립차트에 문장 중심으로 작성_아이디어 15개 이상	미리 주제를 문장으로 작성한 플립차트에 넘버링 통해 작성	Table FT
30	1		방패연(피자기법)을 활용한 아이디어 추가 발굴하기 안내		Main
	29		- 조별 희망 직업 선정 또는뽑기 1분 내외 - 직업하면 연상되는 단어/속성/특징 등을 뽑아 작성하기(단어 무방) 10분 - 속성/단어/특징을 주제와 연관지어 아이디어 재발굴하기(문장으로 작성) 15분_15개 이상 발굴하기	방패연을 미리 그려놓은 플립차트에 작성하기	Table FT
	1		- 투표 시행 관련 안내		Main
15	14		- 브레인 스토밍/방패연(포스트잇)에서 나온 아이디어를 브레인 스토밍 차트에 옮겨 비슷한 아이디어를 그룹핑하기 (5분) - 정리된 아이디어 넘버링하고 리뷰하기_자리가 부족할 경우 포스트 잇 활용(3분) - 투표기준(실행가능성, 효과성)을 고려해 투표하기 (5분) - 서기가 최종 결과물 3가지를 포스트 잇 3장에 옮겨적고 대변인에게 전달	멀티보팅을 활용한 투표(스티커 6개 증정_가장 좋은 아이디어 3-2-1 순 자동투표)	Table FT

워크숍 시나리오 및 큐시트 작성이 끝났다면 다음은 '발생 가능한 이슈'를 고려하는 것입니다. 시나리오를 작성하면서 각 단계별로 예상한 결과물이나 반응들이 있을 것입니다. 계획대로 결과물이 나오면 좋겠지만 여러 변수들로 예상과 다른 결과물이 나오거나 시간이 지연될 수도 있습니다. 워크숍에서 발생 가능한 이슈는 어떤 것이 있을까요?

'만약 해당 단계별로 예상했던 결과물이 나오지 않는다면 어떻게 하는 것이 좋을까요?'

'또 참여자들이 잘 참여하지 않는다면 어떻게 하는 것이 좋을까요?'

'갈등 해결 워크숍에서 갈등이 더 극단적으로 치달으면 어떻게 해야 할까요?'

예상했던 결과물이 나오지 않는다면 시나리오는 수정해 추가적인 아이디어 발산이나 체계화 시간을 가져야 할 수도 있습니다. 참여 독려를 위해 워크숍의 분위기를 부드럽게 만들어주는 활동을 하거나 충분히 생각할 시간을 줄 수도 있습니다. 갈등이 더 극단적으로 치달을 경우에는 물리적으로 공간을 분리해 워크숍을 진행할 수도 있습니다. 쉬는 시간을 두어 잠시 갈등을 식힐 수 있는 시간을 주고, 다음 토의를 이어가는 방법도 있을 것입니다.

메인 퍼실리테이터 혼자서 이슈에 대한 대응이 어려울 것이라 예상 된다면 Co 퍼실리테이터나 테이블 퍼실리테이터와 함께 토의하면서 대안을 준비하는 방법도 있습니다.

성공적인 워크숍을 위해 정말 중요한 단계가 바로 설계 단계입니다. 집을 지을 때 기초가 되는 지반이 튼튼하면 건물이 튼튼하다고 합니다. 모래 위에 집을 짓는 상황이 발생하지 않도록 기초를 튼튼하게 준비한다면 워크숍 당일의 퍼실리테이션은 보다 수월하게 진행할 수 있을 것입니다.

퍼실리테이션을 만나다

✿ 워크숍 퍼실리테이션 설계 단계

1. 시간 계획 세우기

2. 각 시간대별 활동 내용 작성하기

   - 활용도구, 구체적 활동 사항

3. 워크숍 큐시트 작성하기

   - 분 단위 세부 활동, 준비물, 진행자 등

4. 발생 가능한 이슈 확인 및 대안 준비하기

퍼실리테이터에게 묻다

워크숍 할 때 어떤 음악을 트나요?

매 워크숍을 준비하면서 워크숍을 어떻게 시작할 것인가에 대해 생각합니다. 시작의 의미를 좀 더 넓게 보면 워크숍 당일 참여자들이 워크숍 장소로 들어와 가장 먼저 마주 하는 것, 바로 음악이 그 시작이 될 수 있습니다. 그래서인지 매번 어떤 음악을 틀까? 고민합니다. 음악이라는 것이 개인 취향 그리고 때와 장소에 따라 다르기 때문에 "꼭 이 음악을 트세요"라고 할 순 없겠지만 여러 해에 걸쳐 워크숍을 하면서 100번 틀어 90번 이상 괜찮다는 피드백을 받은 음악들이 있어 추천합니다. 어떤 음악을 틀지 고민된다면 참고하기 바랍니다. 개인적으로 지니 뮤직을 이용하고 있어 이를 기준으로 추천하겠습니다.

먼저 Jazz 입니다. 때와 장소를 막론하고 가장 무난하게 틀 수 있는 음악입니다.

지니뮤직> 검색 > JAZZ > 추천 >'커피도 마시고 기분도 마신 날의 JAZZ'

지니뮤직> 검색 > JAZZ > 추천 >'기분 좋은 봄날과 어울리는 JAZZ'

'커피도 마시고 기분도 마신 날의 JAZZ' 테마에는 Eddie

퍼실리테이션을 만나다

Higgins Trio의 Again, George Benson의 My One and Only Love 등의 노래가 있습니다. JAZZ 문외한 이더라도 한 번쯤을 들어봤거나 편하게 들을 수 있는 음악으로 구성되어 있습니다. 가사가 없는 음악도 많아 배경 음악으로 쓰기에도 좋습니다. '기분 좋은 봄날과 어울리는 어울리는 JAZZ' 테마에는 Eliane Elias의 O Pato를 포함하여 유명한 Jazz 음악인 Diana Krall의 L-O-V-E와 Maroon 5의 Sunday Morning이 편곡되어 있습니다. 밝은 음악들로 구성되어 있으며, 오프닝이나 오후 시간에도 틀기 좋습니다.

참여자들의 연령대가 40대 이상일 경우 주로 '이문세'의 노래를 틉니다. 워크숍 시작 할 때의 다소 어색한 분위기를 참여자들의 흥얼거림으로 자연스럽게 만들어 주기도 합니다. '붉은 노을'이나 '깊은 밤을 날아서', '조조할인', '알 수 없는 인생' 등 입니다.

10대를 대상으로 한 워크숍에서는 주로 차트의 TOP 100 음악을 틉니다. 최신 인기 음악을 트는 이유는 참여자와의 라포 형성에 좋기 때문입니다. '나이 차이는 있지만 나도 이 음악을 알고, 10대의 문화를 존중합니다'라는 의미가 되어 워크숍을 보다 부드럽게 시작할 수 있습니다. 참고로 10대를 대상으로 했던 워크숍에서 아이스 브레이킹 단계에서 '요즘 즐겨 듣는 음악은 무엇인가요?'라는 질문을 했었습니다. 자연스럽게 참여 학생들의 음악 취향을 할 수 있었고 주크 박스처럼 즐겨 듣는 음악을 틀어 참여자들에게 친숙한 환경을 조성했습니다. 처음에 조용했던 참여자 중 한 명은 쉬는 시간에는 찾아와서 이 노래도 꼭 틀어달라며 적극적으로 의견을 내기도 했습니다. 다음 쉬는 시간에 그 노래를 틀었더니 본인의 의견이 반영되어 그런지 이전 시간 보다 적극적으로 참여했습니다.

모든 음악이 워크숍 참여에 긍정적인 영향을 주는 것은 아닙니다. 한 번은 워크숍을 할 때 음악과 관련해 참여자의 항의를 받은 적이 있습니다. 아이스브레이킹 중 틀었던 음악 때문에 시끄러워서 집중할 수가 없다는 것 입니다. 먼저 의견을 준 한 참여자에게 양해를 구하고 다른 참여자들에게도 의견을 물었습니다. 다수가 동의해 음악을 끄고 워크숍을 진행했습니다. 이 때 들었던 생각은 아무리 좋은 음악이더라도 워크숍 본연의 취지를 해치거나 방해할 정도의 음악은 안 트는 게 낫다 입니다. 이후 워크숍에서는 음악 소리 크기에 대해 참여자들에게 의견을 묻고 퍼실리테이팅하는 습관이 생겼습니다.

여러분도 워크숍 참여를 촉진할 수 있는 각자의 음악 리스트를 만들어보고 적용해보면 어떨까요? 잊지 않고 음악 볼륨도 확인한다면 워크숍이 한층 더 풍부해 질 것입니다.

퍼실리테이터에게 묻다

워크숍 하기에 좋은 장소가 있나요?

워크숍을 준비 하다 보면 장소를 고르는 것도 하나의 고민거리입니다. '장소가 워크숍과 무슨 관련이 있을까?'라고 생각할 수도 있습니다. 편안한 장소는 참여자들의 아이디어를 촉진할 수 있습니다. 함께 만든 결과물들을 벽에 게시하고 보면서 참여자 스스로 워크숍에서 본인이 기여한 것들을 찾아내고 생각할 수 있습니다. 이 과정을 통해 자연스럽게 워크숍에 몰입할 수 있는 효과도 있습니다. 그렇다면 어떤 장소가 좋은 장소일까요?

1. 참여자의 3배 이상의 인원이 들어갈 수 있는 넓은 공간
2. 벽을 충분히 활용할 수 있는 공간
3. 바닥을 활용할 수 있는 공간
4. 창문이 있는 공간
5. 움직이는 책상과 의자가 있는 공간

먼저 참여자 3배 이상 인원이 들어갈 수 있는 넓은 공간입니다. 공간이 넓어질수록 사고하는 범위도 넓어진다는 얘기가 있습니다. 정원이 딱 맞게 들어가는 공간 보다는 참여자들이 여유를 두고 활용할 수 있는 공간이 좋습니다. 공간이 넓다면 그룹별 분임 토의를

할 때 공간을 분리할 수도 있습니다. 물리적으로 분리도 되고 소리도 섞이지 않아 각 분임에 몰입해서 토의하는 효과도 가져올 수 있습니다.

두 번째는 벽을 충분히 활용할 수 있는 공간입니다. 워크숍에서 나온 많은 결과물들을 벽에 게시하고 쉬는 시간 등을 이용해 참여자 스스로 회고하는 시간을 가질 수도 있습니다. 또한 Gallery Walk나 Dotmocracy[*]와 같은 활동을 하기에도 좋습니다.

Dotmocracy 장표예시

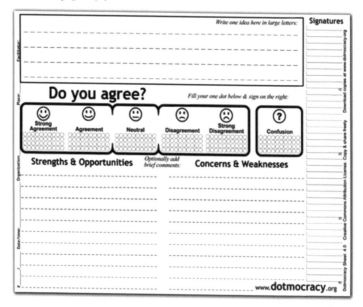

퍼실리테이션을 만나다

세 번째는 바닥을 활용할 수 있는 공간입니다. 워크숍에서 공간을 꼭 벽만 활용해야 하는 것은 아닙니다. HRD관련 워크숍으로 예를 들어 설명하겠습니다. 워크숍에서 다뤄야 할 부분은 HRD와 관련 3개의 이해관계자였습니다. 이 때 바닥을 3등분해 이해관계자 영역을 구분했습니다. 그리고 원하는 주제의 영역에 서도록 했습니다. 희망하는 영역에 선 사람들끼리 해당 내용에 대해 생각을 발산했고 워크숍의 결과물을 만들었습니다. 바닥을 활용한 워크숍은 처음이었다는 피드백과 내가 얘기하고 싶은 분야를 직접 선택할 수 있어 좋았다는 얘기를 들었습니다. 같은 공간이지만 바닥을 활용할 수 있다면 워크숍은 좀 더 풍성해 질 것입니다.

네 번째는 창문이 있는 공간입니다. 창문은 반나절 또는 하루 종일 실내에서 워크숍에 참여하는 사람들에게 리프레쉬먼트 요소가 될 수 있습니다. 환기를 시킬 수도 있고 창으로 들어오는 햇빛을 받으며 에너지를 충전할 수도 있습니다. 또 벽이 부족할 경우 벽 대용으로 활용할 수도 있습니다.

마지막으로 책상과 의자를 옮길 수 있는 공간입니다. 아무리 잘 설계한 워크숍도 오후 2~3시경 에너지가 떨어지는 것을 피하기 어렵습니다. 이 시간을 활용 해 책상을 밀고 스트레칭을 할 수도 있고 움직이는 액티비티를 통해 떨어진 에너지를 끌어올릴 수도 있습니다. 또 필요에 따라 의자만 들고 이동하거나 서서 다른 그룹의 결과물들을 함께 돌아볼 수도 있습니다.

2장을 마무리하며…

 이번 장에서 새롭게 알게 되거나 배운 것은 무엇인가요?

 이번 장에서 영감을 얻은 아이디어가 있다면 무엇인가요?

가장 기억에 남거나 인상 깊었던 내용은 무엇인가요?

다음 워크숍에 적용해보고 싶은 것이 있다면 무엇인가요?

3장

워크숍 퍼실리테이션 하기

워크숍의 시작 오프닝,
왜 중요한가요?

한경의 『첫인상 5초의 법칙』이라는 책에 보면 '첫 5초가 사람의 운명을 결정한다'는 내용이 나옵니다. 주된 내용은 '첫인상은 돈으로도 살 수 없으며, 잘못된 첫인상이 회복되려면 오랜 시간과 노력이 필요하다'입니다. 책에서는 첫인상 회복을 위한 오랜 시간과 노력을 한 번 굳어버리면 원상 복귀가 힘든 콘크리트에 비유하고 있습니다.

'첫인상 5초의 법칙'은 워크숍 퍼실리테이션에서도 동일하게 적용됩니다. 워크숍 시작할 때 '참여자에게 어떤 느낌을 주는가?'가 워크숍의 '첫인상' 입니다. 워크숍 퍼실리테이션의 첫인상은 '오프닝' 입니다.

가. 워크숍 장소에 미리 도착해 사전 준비

나. 워크숍 참석에 대한 당위성 부여

다. 그라운드 룰 공유하기

라. 워크숍 주제 관련 key question(중심 질문) 확인하기

✢ 가. 워크숍 장소에 미리 도착해 사전 준비

워크숍 시작을 위해 가장 먼저 해야 할 것은 워크숍 장소에 미리 도착해 사전 준비를 하는 것입니다. 사전 답사가 이루어졌다면 최소 1시간 30분 전에 도착합니다. 사전 답사가 이루어지지 않았다면 2시간 30분 전에 여유 있게 장소에 도착하는 것이 좋습니다. (사전 답사가 이루어지지 않았더라도 사진 등으로 워크숍 장소를 확인하는 것은 필요합니다.) 도착 후에는 워크숍 시 필요한 비품, 테이블, 조 구성여부 등을 확인합니다. 모든 준비는 워크숍 시작 30분전까지 끝냅니다. 참여자들이 워크숍 장소에 도착했을 때 준비가 완료된 모습으로 맞이한다면 정돈된 인상을 줄 수 있습니다. 워크숍 시작 시간이 다 되었는데 준비가 안 돼 허둥지둥하는 모습을 본다면 잘 설계된 워크숍이라 할지라도 준비가 덜 된 것처럼 보일 것입니다. 준비하는 모습을 보며 참여자도 함께 허둥지둥하고 조급해 할 수도 있습니다. 워크숍 당일 준비 시 확인이 필요한 사항들을 중심으로 체크리스트를 만들었습니다. 체크 리스트를 확인하면서 워크숍 사전 준비를 한다면 보다 효율적으로 워크숍을 시작할 수 있을 것 입니다.

[워크숍 당일 준비 체크리스트]

항목	체크		항목	체크	
테이블 세팅 (조별 세팅, 안 쓸 경우 옮기기)	O	X	빔 프로젝터, 포인터 작동	O	X
조 명단 출력 및 부착	O	X	마이크/음향 확인 (크기, 조절방법)	O	X
워크숍 조별 물품 세팅 (마커, 포스트 잇 등)	O	X	다과 준비 여부	O	X
워크숍 준비물 세팅 (이젤패드, 플립차트, 스티키월 등)	O	X	냉난방기 (작동방법, 리모콘 등)	O	X
워크숍 결과물 부착 장소 확인	O	X	장소 밝기 조절 (조명, 커튼 등)	O	X
출석부(있을 경우) 준비	O	X	화장실 등 편의시설 확인	O	X

✛나. 워크숍 참석에 대한 당위성 부여

　좋은 첫인상을 주기 위해 두 번째로 고려해야 할 부분은 워크숍 참여자에게 참석 당위성을 부여하는 것입니다. 지금까지 퍼실리테이팅했던 워크숍의 평균 참여자 수를 30명이라 가정해 보겠습니다. 워크숍 시작 전 참석 동기에 대해 질문했습니다. 20명 이상이 "가라고 해서 왔어요. 사람이 없다고 해서 왔어요"라는 답변을 했습니다. 워크숍 참석이 자발적이기보다는 강제적이거나 끌려온 참여자가 많다는 의미입니다. 물론 모든 워크숍이 그렇다는 것은 아닙니다.

　비자발적으로 워크숍에 참석한 사람들이 많다 보니 상당수의 참여자가 워크숍 참석에 대한 마음의 준비가 되어 있지 않습니다. 단적인 예시로 정시에 도착하지 않는 경우입니다. 또는 참석하더라도 워크숍 내내 '여긴 어디? 나는 누구?' 하고 생각하다 시간이 되면 집에 갑니다.

워크숍 퍼실리테이터는 비자발적으로 참석한 참여자일지라도 참여를 독려해야 합니다. 동기 부여를 통해 소통을 촉진하고 결과물을 만들어야 합니다. 이런 참여자가 많은 워크숍의 경우 D사나 E사 사례처럼 몇 가지 질문이나 활동을 통해 참석에 대한 당위성을 부여하고 워크숍을 시작하는 것이 좋습니다.

☑ 질문을 통한 동기부여 D사 워크숍

공동주택의 위탁관리와 HR, 아웃 소싱을 전문으로 하는 D사를 대상으로 워크숍을 했었습니다. 업무 분야도 광범위하고 다양한 구성원이 있다 보니 준비 단계에서부터 워크숍 참여자를 구성하는 데 어려움이 있었습니다. 워크숍 당일에 오셔서 "나 오는 거 맞아요?", "어, 이과장 여기 왜왔어?"라는 얘기를 하시는 분들도 계셨습니다. 그러다 보니 전반적인 분위기가 어수선했습니다.

D사 워크숍은 워크숍 경험이 전무한 참여자들로 구성됐습니다. D사의 조직 문화의 특성상 의사결정이나 실행 사항들은 주로 TOP-DOWN으로 이루어진 경우가 많았습니다. 아이디어를 내거나 결과물을 만드는 일이 있을 경우에도 사무실에서 내근하는 직원들을 중심으로 이루어져 왔습니다. 기업 특성상 참여자들이 함께 참여하고 결과물을 만드는 형태가 익숙하지 않다라는 얘기도 사전에 들을 수 있었습니다.

다른 워크숍보다 참여자들에게 참석 당위성을 부여하는 것이 중요했습니다. '많은 직원 중에 왜 내가 참석해야 하는지, 기존과 다르게 왜 함께 참여해서 결과물을 만들어야 하는지' 이유를 스스로 생각할 수 있도록 시작 단계에 무엇인가가 필요했습니다. 고민 끝에 몇 가지 질문을 통한 오프닝을 시작했습니다.

> 오늘 워크숍 주제를 가장 잘 알고 있는 사람은 누구인가요?
>
> 주제에 대해 고객의 소리를 가장 많이 듣는 사람은 누구인가요?
>
> 워크숍 결과물이 나오려면 어떤 사람들이 참석해야 할까요?
>
> 워크숍 결과물을 실행하기 위해서는 누가 참석해야 할까요?

질문에 대한 답을 각자 생각해보고 그룹별로 공유하는 시간을 가졌습니다. 전체 참여자에게 같은 질문을 했습니다. 참여자들이 나눈 답변과 참여자들의 명단을 비교해서 오늘 워크숍에 어떤 분들이 참석했는지 설명 드렸습니다. 참여자들은 D사 워크숍을 위해 꼭 필요한 사람들이 참석했다는 것을 알게 됐습니다. 참여자들은 서로를 쳐다보며 고개를 끄덕이셨습니다. 간단하지만 몇 가지 질문을 통해 워크숍을 위해 꼭 참석해야 하는 사람이 본인임을 깨달았고 참석에 대한 필요성도 수긍했습니다. 워크숍의 분위기는 한결 부드러워졌습니다. 자발적으로 워크숍에 대한 아이디어를 냈고 이는 워크숍에 대한 몰입으로 이어졌습니다.

☑ 사례분석을 통한 동기부여 E사 워크숍

유통업체인 E사 직원들을 대상으로 조직 문화 워크숍을 퍼실리테이팅을 했었습니다. 사전 인터뷰를 통해 몇 가지 사실을 미리 파악했습니다.

첫째, 대다수의 직원들이 유통현장에서 근무하고 있었습니다.

둘째, 본사와 현장 상호 간의 이해도가 낮았습니다.

셋째, 새삼스럽게 바쁜데 현장에 있는 직원들을 모으는데 대한 의문과 반감도 일부 있었습니다. 인력 현황이 여유로운 편이 아니어서 워크숍 종료 후 다시 현장으로 복귀 해 업무를 마무리해야 하기 때문이었습니다.

D사 워크숍과 마찬가지로 참여자의 몰입과 참여에 대한 동기부여를 통해 왜 이 참여자들이 꼭 참여해야 하는지를 인지할 수 있도록 하는 것이 중요했습니다. 오프닝에서 참석에 대한 부분이 동의되지 않으면, 워크숍 전체를 이끌어 가는 것 자체가 어렵기 때문입니다. 책에서 발췌한 사례 한 가지를 준비했습니다. 사례를 접한 참여자들의 분위기는 사뭇 달라졌습니다.

일본의 한 비누회사에서 있었던 일이다. 어떤 소비자가 비누 한 상자를 구입했는데, 상자가 텅 비어 있었다. 고객은 당장 고객센터로 항의했고, 비누회사에서는 문제 해결에 고심했다. 면밀히 조사한 결과, 정상적으로 기계가 작동하는 중에도 뜬금

없이 이러한 오류가 발생해 빈 상자가 유통된다는 것이 밝혀졌다. 경영진은 머리를 맞대고 앉아 문제 해결에 골몰했다. 마침내 기술부에서 고가의 최신 스캐닝 장비를 설계하기에 이르렀다. 그러나 장비는 생산 라인에서 제대로 작동하지 않았고 제조 시간을 지연시켜 매출에 악영향을 끼쳤다. 기술부에서 다시 스캐닝 장비의 문제가 무엇인지 탐색하는 동안, 생산 라인에 근무하던 한 직원이 아이디어를 내놓았다. 포장된 상자가 지나가는 컨베이어 벨트 앞에 선풍기 한 대를 틀어놓자는 것이었다. 그의 제안대로 비누가 상자에 담기는 라인에 선풍기를 가동하자, 가끔 등장하던 빈 비누 상자가 선풍기 바람에 날려 '빈 상자' 사건의 해결점을 찾을 수 있었다. 책상 머리에서 답을 구하지 말고 현장에 내려가 오랜 시간 문제를 들여다 보십시오. 그래도 답이 나오지 않으면 현장에 있는 사람에게 아이디어를 구하십시오. 올바른 답은 언제나 현장에 있는 법입니다.[*]

사례 공유 후에는 '비누 공장의 현장 전문가'를 언급했습니다. E사 조직 문화 개선을 위해서는 현장에서 E사를 가장 잘 느끼고 고객을 접하고 계신 워크숍 참여자들이 가장 적임자임을 설명했습니다. '내가 가서 무슨 얘길 하겠어…'라는 생각으로 기대 없이 오셨던 현장 직원 분들을 전문가로 소개하고 격려했습니다. 쑥스러워하

---

[*] 「경영 2.0 : 이야기에서 답을 찾다 : 스토리로 배우는 미래 경영 트렌드」, 곽숙철

셨지만 박수를 치며 즐거운 분위기가 이어졌고, 참여적인 분위기에서 워크숍을 퍼실리테이팅 할 수 있었습니다.

별도의 특별한 기법이나 도구를 준비하기 어렵다면 E사 워크숍처럼 간단한 사례를 통해 참여자들의 참석에 대한 당위성을 부여할 수 있습니다. 사례를 영상이나 그림으로 풀어낸 자료를 활용한다면 참여자의 관심을 환기시킬 수 있어 보다 효과적일 것입니다.

✛ 다. 그라운드 룰 공유하기

축구 경기를 하면 경기하는 90분 동안 지켜야 할 규칙이 있습니다. 대표적인 축구 경기의 규칙에는 공을 손으로 만지지 않는 것입니다. 규칙을 따르면서 양 팀의 선수들은 플레이를 하고 득점을 하기도 합니다. 축구 규칙과 마찬가지로 워크숍 퍼실리테이션에서도 지켜야 할 약속이 있습니다. '그라운드 룰' 이라고 많이 부르며, '오늘의 약속', '우리의 약속' 등으로 표현하기도 합니다. '그라운드 룰'은 말 그대로 워크숍이 이루어 지는 그라운드인 장소에서 참여자들이 함께 지켜야 할 약속을 의미합니다. 그라운드 룰은 워크숍 참여자들의 참여를 독려하고, 활발한 아이디어를 개진할 수 있는 내용으로 만듭니다.

그라운드 룰의 이해를 돕기 위해 예로 들어보겠습니다.

퍼실리테이션을 만나다

'우리의 약속_모든 의견은 동등하게 귀중하다'[*]

한 문장으로 표현되어 간결하면서도 퍼실리테이션에서 지향하는 철학들을 내포하고 있습니다. 풀어보면 '동등하게'에서 발언 기회의 평등함과 발언 내용의 위아래가 없다는 뜻을 '귀중하다'에서는 모든 생각들이 중요하며 의미가 있다는 뜻을 포함하고 있다는 생각이 들었습니다.

잘 만들어진 그라운드 룰은 간결하고 추가 설명 없이도 이해할 수 있습니다. 사소하지만 워크숍의 몰입을 위해 필요한 사항이어야 합니다. 간단하게 '시작 시간을 지켜주세요, 휴대폰은 진동으로 해주세요' 등의 그라운드 룰을 정할 수도 있습니다. 퍼실리테이터가 임의로 정하는 것이 아니라, 조별 토의를 통해 그라운드 룰을 선정하고 전체 공유를 통해 참여자들이 함께 지켜야 할 그라운드 룰을 합의할 수도 있습니다. 만약 시간이 촉박해 퍼실리테이터가 사전에 워크숍 그라운드 룰을 준비해야 한다면 참여자들에게 동의를 구하고 워크숍에 적용하는 절차가 꼭 필요합니다. 이 과정을 거치지 않았을 경우, '나는 그렇게 한다고 한 적 없는데 왜 맘대로 규칙이라고 하고 지키라고 하느냐'라고 얘기하며 워크숍 중 예상치 못한 상황을 발생시킬 수도 있습니다.

자주 쓰는 그라운드 룰을 아래와 같이 정리했습니다. 어떤 그라

---

[*] '쿠퍼실리테이션 그룹' 우리의 약속에서 발췌

운드 룰을 적용해야 할지 고민이 되면 참고해 워크숍에 적용해보기 바랍니다.

❖ 그라운드 룰 예시

• 시간약속을 함께 지켜주세요

• 휴대폰은 진동으로 해주세요

• 틀린 것이 아니라 다른 것입니다

• 열린 마음으로 서로 칭찬해주세요

• 모든 질문은 환영합니다

• 다른 사람이 말할 때는 함께 들어요

• 다른 사람의 말을 끝까지 들어주세요

• 긍정의 리액션은 심하게 해주세요

• 아이디어는 모두 환영합니다

• 간식은 함께 먹어요

• 적극적으로 참여해주세요

✛ 라. 워크숍 Key Question(중심 질문) 확인하기

'붉은 노을 하면 떠오르는 가수는 누구인가요?'라는 질문을 받는다면, 여러분은 누가 떠오르나요? 누군가는 '빅뱅'이라는 아이돌 그룹을 또 누군가는 '이문세'라는 국민가수를 떠올릴 겁니다. 한 가지 질문을 더 해보겠습니다. '너의 의미를 부른 가수는 누구인가요?' 연령이나 음악 취향에 따라 '김창완'이라는 그룹 산울림의 가수를, 또는 국민 여동생 '아이유'를 떠올릴 것입니다. 여기에 언급되지 않은 또 다른 가수를 떠올릴 수도 있을 겁니다. 당연히 같은 가수를 대답할 것이라고 예상했던 질문자는 당황할 수 밖에 없을 겁니다.

이러한 관점에서 본다면 우리가 해야 하는 워크숍 퍼실리테이션은 어떨까요? 같은 방향을 보고 워크숍에 참여하기 위해서는 오프닝 단계에서 Key Question(중심 질문)에 대한 확인을 해야 합니다. 워크숍에서는 노래 제목을 듣고 가수를 떠올리는 것보다 훨씬 복잡하고 다양한 의견들이 많이 나올 것입니다. '중심 질문'이란 워크숍 주제와 연결되어 있으면서 추가 설명이 없더라도 참여자들이 쉽게 이해 할 수 있는 질문입니다. 또한 워크숍 결과물을 도출할 수 있는 질문이어야 합니다. 워크숍 주제를 알고 참석했다 하더라도 참여자의 이해도와 배경, 그리고 관여 정도에 따라 질문을 상이하게 이해 할 수 있습니다. 오프닝 단계에서 Key Question(중심 질문) 확인을 통해 워크숍에서 어떤 내용을 다룰지 어떤 결과물을 도출할 지 참여자간 합의가 이루어질 수 있습니다. 합의를 통해 참여자간 공감대가 형성되면 워크숍 이후 일정은 프로세스 대로 수월하게 퍼실리테이팅 할 수 있을 것입니다. 참여자들이 같은 결과물을 기대하고 같은 방향으로 아이디어를 도출할 것이기 때문입니다.

☑ Key Question(중심질문) 합의의 중요성 G사 워크숍

변호사와 대학교수, 벤처 업체 대표 등 해당 분야의 전문가들이 참여한 G사 워크숍을 했었습니다. 아이스브레이킹 진행 및 일정 소개 후 워크숍 오프닝에서 함께 얘기 나눌 Key Question(중심 질문)을 설명했습니다. 분야별 전문가들이 모이다 보니 Key Question(중심 질문)에 사용된 단어 하나하나를 해석하는 관점과 의미가 달랐고 참여자들끼리 첨예하게 의견을 나눴습니다. 열띤 토의 끝에 중심 질문이 합의됐고 시계를 보니 3시간이 지나있었습니다. 예상했던 것보다 많은 시간이 소요됐습니다. Key Question(중심 질문) 토의 시 시간 관리를 위해 발언을 제한할까도 잠시 고민했었지만 충분한 시간을 주고 토의하도록 했습니다. 오프닝 단계에서 중심 질문을 정의하고 난 이후 일정부터는 보다 순조롭게 의견을 교환할 수 있었습니다. 매번 워크숍이 끝나고 나면 '회고-돌아보기'를 합니다. 그 때 마다 생각나는 워크숍이 바로 G사의 워크숍 입니다. 만약 그 때 Key Question(중심 질문)에 대한 합의 없이 3시간을 제가 설계했던 대로 진행했다면 어땠을지… 아마도 워크숍 중간 중간에 '그 얘기가 그 얘기가 아니잖아요!' 라든가 '나는 그렇게 얘기한 적 없다' 라든가…'처음부터 다시 해요'하는 발언들이 오갔을 생각을 하니 다시 생각해도 그 3시간이 정말 소중하다는 생각이 듭니다.

어떻게 하면 Key Question(중심 질문)을 잘 만들 수 있을까요?

흔히 쓰는 방법은 기간을 명시하고 중의적인 표현을 피하는 질문을 만드는 것입니다. 예를 들면 '3개월 안에 프로젝트를 종료할 수 있는 방법은 무엇인가요?' 또는 '올 하반기 매출목표 달성을 위한 방법은 무엇인가요?' 등 입니다.

Key Question(중심 질문)을 만들 때는 추가적인 질문이 나오지 않도록 만드는 것이 중요합니다. 질문에 대한 추가 질문이 없다는 것은 참여자들이 같은 의미로 이해해 이견이 없다는 것을 의미합니다. 위의 문장을 참고해 각자의 워크숍 목표를 바탕으로 중심 질문을 만들어보는 연습을 해보시기 바랍니다.

마지막으로 중심 질문을 만든 후에는 참여자들이 잘 볼 수 있도록 크게 써서 붙입니다. 워크숍 참여자들이 수시로 확인 할 수 있도록 벽에 부착해 워크숍을 하는 동안 참고할 수 있도록 해야 합니다. 워크숍 중 발언이 다른 방향으로 가더라도 참여자 스스로 Key Question(중심 질문)을 인지하고 있다면 다시 주제로 돌아와 워크숍에 참여할 수 있을 것입니다.

워크숍 퍼실리테이터로서
아이스브레이킹 어떻게 해야 할까요?

강의나 퍼실리테이션, 워크숍과 관련해 출간된 책 중 가장 많이 나온 파트가 어느 부분일까요? '아이스브레이킹' 그리고 'SPOT'입니다. N포털에서 검색 하면 약 75권의 책이 나옵니다. 해당 분야 책이 많다는 것은 사람들의 관심이 많거나 중요하다는 의미입니다. 저 또한 워크숍 퍼실리테이션을 하면서 많은 고민을 하고 중요하게 생각하는 파트가 바로 아이스브레이킹입니다.

워크숍에서 사람들이 즐겁게 참여하는 것이 너무 좋았기 때문에 아이스브레이킹을 더 열심히 준비했습니다. 그런데 뭔가 중요한 것을 놓치고 있다는 생각이 들었습니다.

부장님과의 에피소드

> 부장님 : 박 대리, 전에 워크숍 할 때 보니까 시작 할 때 아이스브레이킹 재밌게 잘하더라
>
> 나 : 감사합니다
>
> 부장님 : 그래서 말인데, 우리 이번에 체육행사 하는데 사회 좀 봐, 레크리에이션도 하고...전에 했었던 것처럼 하면 돼
>
> 나 : 레크리에이션이요? 저 해본 적 없는데...
>
> 부장님 : 아니, 그냥 저번에 워크숍 할 때 했던 것처럼 하면 된다니까...

부장님과 대화가 끝나고 멍한 기분이 들었습니다. 당시에는 '퍼실리테이터'라는 개념이 생소한 탓도 있었겠지만, '내가 퍼실리테이션을 제대로 했나?'라는 생각이 들었습니다. '나는 레크리에이션으로 아이스브레이킹을 한 건 아닌데…' 라는 후회와 아쉬운 생각이 들었습니다. 부장님께서 그렇게 말씀하신 이유가 무엇인지도 생각해봤습니다. 생각 끝에 다음과 같은 두 가지 결론을 내리게 됐습니다.

첫째, 재미만 있었던 아이스브레이킹이었다

둘째, 워크숍 주제와는 연관되어 있지 않았다

아이스브레이킹의 역할은 크게 두 가지 입니다. 첫 번째는 참여자들끼리 서로 어색한 분위기를 해소해서 워크숍이 분위기를 부드럽게 만드는 역할입니다. 두 번째는 워크숍 주제에 자연스럽게 녹아들 수 있도록 마중물 역할을 하는 것 입니다. 생각해보니 당시 했었던 아이스브레이킹은 재미와 분위기 조성만 염두에 두고 있었습니다. 그렇다면 '재미만 있는 아이스브레이킹이 잘못된 건가요?'라고 질문하실 수도 있습니다. 물론 그렇지는 않습니다. 재미도 중요하지만 '재미만 있는 아이스브레이킹은 잘 설계된 워크숍 퍼실리테이션이라고 하기 어렵다'라고 생각합니다.

어떻게 하면 아이스브레이킹을 잘 설계할 수 있을까요? 임팩트 있는 시작을 위한 세 가지 아이스브레이킹 TIP을 공유합니다.

아이스브레이킹 설계를 위한 Tip

참여자를 고려 (인원, 성별, 연령, 상황)

한 번의 설명으로 이해 할 수 있는 쉬운 난이도

워크숍 주제와 자연스럽게 연관되는 활동

첫째, 워크숍 참여자를 가장 먼저 고려해야 합니다.

먼저 워크숍의 참여자의 인원을 고려해야 합니다. 워크숍 참여 인원이 100명 이상이라고 가정해 보겠습니다. 전체가 자리에서 일어나서 10분 동안 활동하는 아이스브레이킹을 한다면 어떨까요? 100명이 동시에 움직이면 참여자들의 활발한 에너지가 워크숍에 역동을 불러일으킬 수 있을 것 입니다. 에너지를 진정시키고 워크숍 다음 단계로 넘어가기 위해서는 일정 시간이 소요 됩니다. 이 부분을 고려하지 않고 설계한다면 예상치 못한 시간들을 아이스브레이킹에 사용해야 할 것입니다.

참여자의 성별과 연령도 고려해야 합니다. 과거에 많이 했었던 아이스브레이킹 중 참여자들끼리 '안마'를 해주는 활동이 있습니다. 참여자 전체가 한 방향으로 앉아 서로 안마를 해주면서 긴장을 완화하는 아이스브레이킹입니다. 퍼실리테이터마다 선호도가 있겠지만 개인적으로는 지양하는 아이스브레이킹입니다. 아무리 친분이 있는 사이라 하더라도 다른 사람이 어깨를 만지는 것은 부담스러울 수 있습니다. 실제로 '안마'를 할 때 어색하거나 불편해서 멀뚱멀뚱 앉아 있는 경우도 많이 봤습니다.

워크숍 참여자들의 상황도 고려해야 합니다. 특히 갈등 해결 워크숍의 경우 참여자의 상당수의 갈등 상황으로 대치하고 있는 사람들인 경우입니다. 이 때 즐겁게 박수치고 서로의 얼굴을 그리는 즐거운 활동을 했다고 가정해 보겠습니다. 먼저 참여자들이 참여를 잘 안 할 것입니다. 참여자로 하여금 '저 퍼실리테이터는 지금 분위기 파악 못하네'라는 생각을 하게 할 수 있습니다. 이에 참여자의 상황까지 고려한 세심한 아이스브레이킹 설계가 중요합니다.

둘째, 한 번의 설명으로도 이해할 수 있는 쉬운 아이스브레이킹을 해야 합니다. 제 주변의 강사나 퍼실리테이터 분들 중에서는 새로운 아이스브레이킹을 해보고 싶다는 생각으로 난이도를 고려하지 않고 본인이 하고 싶은 아이스브레이킹을 선정하는 분들이 있습니다. 실제로 워크숍을 할 때 15분으로 설계된 아이스브레이킹을 한 시간 가까이 하면서 퍼실리테이터 스스로 흘러 가는 시간에 안타까워하는 경우를 본 적도 있습니다. 퍼실리테이터가 생각하기에 참신하고 재미있어 참여자들이 즐거워하고 쉽게 따라 할 수 있으리라 생각했을 것입니다. 그렇지만 실제로는 참여자들에게 설명하고 이해하는 데만 30분 가량의 시간이 흘렀습니다. 아이스브레이킹을 설계할 때는 쉬운 난이도로 하되 할 수 있다면 사전 시뮬레이션을 해보시길 권장 드립니다. 쉽게 할 수 있는 아이스브레이킹에는 '왼손 초상화 그리기*'가 있습니다. '왼손 초상화 그리기'는 평소 사용하지 않는 손으로 그리기를 통해 뇌를 자극하고, 에너지를 올리는 활동입니다. 간단하지만 워크숍을 시작하는 어색한 분위기에 활용하면 참여자들끼리 아이컨택을 하며 자연스럽게 분위기가 부드러워질 수 있습니다.

셋째, 워크숍 주제와 자연스럽게 연관되는 아이스브레이킹을 해

---

[*]   왼손 초상화 그리기 진행 방법
    1. 개인별 A4용지와 네임펜을 나눠줍니다.
    2. 종이 상단에 본인의 이름을 쓰고 오른쪽에 있는 사람에게 전달합니다.
    3. 오른손잡이는 왼손/왼손잡이는 오른손에 펜을 들고 받은 종이 주인의 얼굴을 약 1분 간 그립니다.
    4. 종이를 오른쪽으로 한 번 더 넘기고 받은 사람은 그림을 보완합니다.
    5. 종이에 이름이 써있는 주인에게 돌려줍니다.
    6. 종이 주인은 초상화를 바탕으로 소개를 합니다.

야 합니다. 퍼실리테이터 양성과정에서 강의를 하거나 컨퍼런스에서 사례 공유하는 것을 보고 간혹 급한 맘에 저에게 연락을 주시는 퍼실리테이터 분들이 있습니다. 연락의 주요 내용은 워크숍을 해야 하는데 아이스브레이킹 자료를 공유해 줄 수 있는지에 대한 요청입니다. 이럴 때 저의 답변은 두 가지로 나뉩니다. 먼저 모두(저와 자료를 요청하신 분)가 시간적 여유가 있을 때 입니다. 요청한 분에게 워크숍의 주제와 배경, 도출 결과물, 참여자 등 워크숍을 이해하기 위한 자료를 요청해 받습니다. 그리고 해당 내용에 대한 이해를 바탕으로 아이스브레이킹에 대한 도움을 드리기도 합니다.

반면 두 번째는 촉박하게 요청하면서 자료만 달라는 경우 입니다. 이 경우, 정중하게 거절하는 편입니다. 한 번은 급하게 메일과 전화로 여러 번 요청하셔서서 '얼마나 급하면 이렇게 연락을 주셨을까?' 하는 생각에 자료를 공유 드린 적이 있습니다. 이후 제가 들었던 피드백은 '그 아이스브레이킹 별로였다고, 제대로 된 자료를 줘야지…' 라는 불만이었습니다. 어떻게 생각하면 당연한 결과였습니다. 워크숍의 전후 사정은 설명해주지 않고 계속 자료만 달라고 하시니 공유 드린 자료가 워크숍 주제와 연결되어 진행 되었을리 만무합니다. 거듭 강조하지만 즐겁고 웃기만 하는 아이스브레이킹이 워크숍 퍼실리테이션에서는 지양해야 한다고 생각합니다. 주제와 연관되지 않은 아이스브레이킹의 경우, 참여자로 하여금 '퍼실리테이터=레크리에이션 강사, 사회자'라고 생각할 수 있습니다.

어떻게 하면 워크숍의 주제와 자연스럽게 연관되는 아이스브레이킹을 할 수 있을까요? 간단하게 예를 들면, 협업이 필요한 워크숍에는 팀빌딩이 가미된 아이스브레이킹을 합니다. 활동을 하면서 자연스럽게 당일 워크숍 주제를 언급할 수 있을 것입니다. '이구동성'과 같은 게임을 한다면 모둠 구성원 개개인의 역할이 모두 중요합니다. 또 모두가 제 역할을 했을 때 '이구동성' 게임을 잘 할 수 있다는 것을 자연스럽게 알게 될 것입니다. 이 내용을 바탕으로 참여자의 워크숍에서의 적극적인 참여 및 책임감 있는 역할도 부여할 수 있습니다.

갈등 상황이 있는 워크숍에서는 서로의 입장을 이해할 수 있는 가상의 상황을 설정한 인터뷰(일종의 롤플레잉)를 통해 다른 사람의 입장이나 상황에 몰입해 볼 수 있는 아이스브레이킹을 할 수도 있습니다. 게임처럼 가볍게 참여하겠지만 이 활동을 통해 다른 사람의 입장을 이해하는 것이 얼마나 중요한 지를 생각하게 할 수 있습니다.

제가 자주 사용하는 재미와 주제를 접목한 아이스브레이킹 두 가지를 공유 합니다.

첫 번째 방법은 '그림 카드'를 활용한 아이스브레이킹입니다. 두 번째 방법은 '귀로 그리는 그림' 입니다. '그림 카드'의 경우 그림을 바탕으로 다양한 발상을 할 수 있기 때문에 주로 창의성을 요하는 아이디어 워크숍이나, 신제품 개발 등 새로운 것을 만들어야 하는 워크숍에서 많이 사용합니다. '귀로 그리는 그림'의 경우 참여자들의 적극적인 참여가 필요한 워크숍, 결과물을 부서별로 분배해 실행해야 하는 워크숍, 리더십, 전략을 다루는 워크숍 등에서 많이 활용합니다.

물론 도구와 방법과 관련해 퍼실리테이터 마다 선호도는 있겠지만 저는 아이스브레이킹 만큼은 머리를 말랑말랑하게 해주는 그림을 활용한 방법들을 선호합니다.

[그림5. 아이스브레이킹 사례1. 그림 카드를 활용한 아이스브레이킹]

참석자들이 교육주제와 관련된 그림 카드를 선택하고, 팀원들과 자신의 생각을 공유하는 활동

* 진행 방법 (그룹별 진행 시)
1) 참석자 수의 3배 이상의 그림 카드를 나눠줍니다
2) 워크숍의 주제 하면 가장 먼저 떠오르는 그림 카드를 1장을 고르도록 안내합니다
3) 그림 카드를 고른 이유를 서로 공유합니다
4) 그룹의 대표 카드를 골라 전체 공유합니다
5) 퍼실리테이터가 참석자들의 설명과 주제를 연결해 다시 한 번 설명하고 마무리 합니다

* 활용 Tip 및 기대 효과
· 말하기 어려워하는 참석자가 입을 뗄 수 있도록 도와줄 수 있음
· 추상적이거나 어려운 내용들도 그림 1장으로 간결하게 표현할 수 있음
· 자기소개, 워크숍 기대 사항들과 연계한 아이스 브레이킹으로 활용 가능
· 공유한 결과물을 워크숍 벽면에 게시해 문제점 진단이나, 아이디어 발굴 시 연계해 활용 가능

[그림6. 아이스브레이킹 사례1. 그림 카드를 활용한 아이스브레이킹 활동 예시]

[그림7. 아이스브레이킹 사례2. 귀로 그리는 그림]

관찰자의 설명의 의존해 팀원들이 협업을 통해 함께 결과물을 만들어내는 활동

* 진행 방법 (그룹별 진행 시)

1) 그룹별로 1명의 관찰자와 시간관리자를 선정합니다

2) 관찰자는 앞으로 나와 그림을 보고 그룹으로 돌아가서 본 그림을 설명합니다

   이 때, 관찰자는 말로 설명만 할 수 있고 그림을 그리거나 몸짓을 할 수 없습니다

3) 관찰자를 제외한 그룹원은 관찰자의 설명을 듣고 협업해서 1장의 그림을 그립니다

4) 그룹에서 그린 결과물을 전체 공유하고, 관찰자가 보고 간 그림을 보여줍니다

5) 퍼실리테이터가 워크숍 주제(협업, 전략,리더십 등)와 연관해 활동의 의미에 대해 설명하고 마무리 합니다

* 활용 Tip 및 기대 효과

· 그림 선정 시 워크숍 주제와 연관된 그림으로 선정해 활동에 의미 부여

  예시) 배운성의 '가족도' 그림의 경우, 함께 협업을 해서 가족이라는 공동

  체를 그려낸 것처럼 오늘 워크숍에서도 적극적으로 참여해서 우리 공동

  체의 발전을 위한 결과물을 만들어 주시길 기대합니다.

· 조별로 그림 결과물에 대해 공유하고 우수 조를 선정해 소감 및 전략을

  공유 후 퍼실리테이터가 마무리

  예시) 리더의 전략이 결과물을 만드는데 얼마나 중요한지, 구성원의 참

  여와 협업이 얼마나 중요한지 활동을 통해서 느끼셨으리라 생각합니다.

퍼실리테이션을 만나다

[그림8. 아이스브레이킹 사례2. 귀로 그리는 그림 활동 예시]

활동 그림 - 배운성, 가족도, 1930~1935

활동 결과물

퍼실리테이터에게 묻다
이 방법은 아이스브레이킹 할 때 쓰는 방법 아닌가요?

시중에 나와있는 '퍼실리테이션' 책과 교육을 보면 워크숍 퍼실리테이션 프로세스에 따라 순차적으로 기술되어 있습니다. 이 책에서도 3장에서 워크숍 프로세스에 따라 내용을 다루고 있습니다. 그러다 보니 초보 퍼실리테이터 분들로부터 종종 듣는 질문이 있습니다. '어, 이 방법은 아이디어 낼 때 쓰는 방법 아닌가요?' 'OO에서는 이번 단계에서 쓰라고 알려줬는데 왜 여기서는 다른 단계에서 쓰나요? 어떤 게 맞아요?'라는 질문입니다.

제가 주로 드리는 답변은 '퍼실리테이션에서 다양하게 쓰이는 방법과 도구들은 레고와 같습니다' 입니다. 워크숍 퍼실리테이션을 하기 위해서는 먼저 워크숍이 어떻게 진행되는지 이해하고, 다양한 방법과 도구를 숙지해야 합니다. 그 다음 '방법과 도구를 어떻게 적재적소에 배치하는가'가 바로 퍼실리테이션 설계의 주된 내용입니다. 설계 할 때 주안점은 참여자들의 참여와 합의를 이끌어 결과물을 만들 수 있도록 도와주는 프로세스를 만드는 것 입니다. 그래서 A에서 교육 받을 때는 아이스브레이킹에서 쓰는 방법이라고 하더

퍼실리테이션을 만나다

라도, B에서는 아이디어 발산에서 쓰는 방법이라고 설명할 수 있습니다. 책이나 교육에서 단계 별로 언급되는 방법이나 도구들은 그 단계에서 가장 효과적으로 쓸 수 있거나 이해를 도울 수 있기 때문에 구분하는 것 입니다. 꼭 해당 프로세스에서만 쓸 수 있어서 설명하거나 교육을 하는 것이 아닙니다. 지속적으로 학습이나 컨퍼런스 등을 통해 다양한 사례와 방법들을 접한다면 본인의 퍼실리테이션 스타일에 맞는 방법과 도구를 활용해 워크숍을 설계할 수 있을 것 입니다. 참여를 촉진하고 결과물도 효과적으로 만들 수 있는 설계 말입니다.

다시 '레고' 얘기로 돌아와 워크숍 퍼실리테이션의 방법과 도구에 대한 얘기를 좀 더 해보려고 합니다. '레고'의 가장 좋은 점은 같은 레고 블럭으로 누가 만드냐에 따라 다른 결과물을 만들 수 있다는 점입니다. 특히 워크숍 퍼실리테이션에서는 퍼실리테이터가 준비한 똑같은 레고이지만 참여자들의 생각에 따라 다른 결과물들이 나올 수 있습니다.

자주 쓰는 퍼실리테이션 도구 중 '신호등 카드'가 있습니다. '신호등 카드'는 말 그대로 신호등 색깔인 3색에 의미를 부여해 만든 3장의 색깔 카드 입니다. 초록은 긍정, 노랑은 중립, 빨강은 반대를 의미합니다. 워크숍에 따라 퍼실리테이터가 질문을 응용해서 활용합니다. 퍼실리테이터가 응용한 질문을 하고 색으로 참여자의 반응을 쉽게 확인할 수 있는 효과적인 도구입니다. 보통은 워크숍 시작

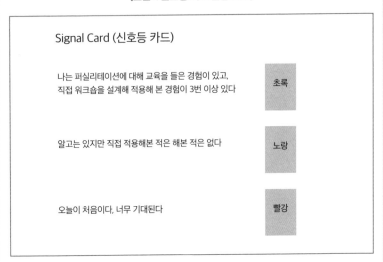

[그림9. 신호등 카드 활용 사례]

Signal Card (신호등 카드)

나는 퍼실리테이션에 대해 교육을 들은 경험이 있고,
직접 워크숍을 설계해 적용해 본 경험이 3번 이상 있다 / 초록

알고는 있지만 직접 적용해본 적은 해본 적은 없다 / 노랑

오늘이 처음이다, 너무 기대된다 / 빨강

단계에서 참여자들의 생각을 확인하는데 활용합니다.

몇 해 전 시행한 Z사 워크숍에서 이 '신호등 카드'를 활용한 '퍼실리테이션 방법'에 대해 생각하게 된 계기가 있었습니다. 당시 오프닝으로 간단한 아이스브레이킹을 진행한 후 주제에 대한 참여자들의 이해를 돕고자 '신호등 카드'를 활용했었습니다. 참여자들의 반응은 간단한데 재미있다며 적극적이었습니다. 덕분에 순조롭게 워크숍을 시작할 수 있었습니다. 워크숍을 진행하던 중 주제에 대한 생각을 나누던 중 '가'라는 분이 10분 넘게 발언하는 상황이 벌어졌습니다. 이미 나왔던 얘기였지만, 본인의 주장을 강하게 표현하고 싶어 했던 것 같습니다. 이 때 반대편에 앉으신 '나'라는 분이 조심스럽게 초록색 신호등 카드를 드셨습니다. 순간 저는 '왜 초록색 카드를 들었지? 별도로 안내 드린 바가 없는데…'라고 생각했습

퍼실리테이션을 만나다

니다. '가'의 발언이 끝나자 자연스럽게 '나'라는 분이 발언을 이어 갔습니다. 신기하게도 '나'라는 분의 발언 중에 '다', '라' 분이 순차적으로 초록색 카드를 들었고 '나'의 발언이 끝나자 순서대로 얘기를 이어갔습니다. 발언 중에 다른 사람이 카드를 드는 것을 보고 본인의 발언 시간을 자발적으로 조정하기도 했습니다. 또 자연스럽게 카드를 든 다른 사람으로 발언이 이어졌습니다. '신호등 카드'의 원래의 사용 방법은 아니었지만 효과적인 의견 교환을 위해 참여자들이 자율적으로 도구를 활용하는 모습이 인상적이었습니다. 서로 얘기하고 싶어하던 참여자들이 발언 기회를 조정하는 것을 보면서 퍼실리테이션 멘토님이 해주신 얘기가 생각났습니다.

멘토님 : 가장 잘 된 워크숍이 어떤 워크숍인지 알아요?

나 : 음… 글쎄요… 결과물이 잘 나온 워크숍이요?

멘토님 : 결과물도 물론 중요하지만, 과정 중에선…퍼실리테이터가 있는지 모르는 워크숍이에요.

나 : 네? 퍼실리테이터가 없는데 잘 된 워크숍이라구요?

멘토님 : 참여자들끼리 갈등 없이 서로의 생각을 공유하고 자유롭게 발언해 퍼실리테이터의 별도 중재가 없는 워크숍 말이에요.

그 얘기를 처음 들었을 때만해도 그런 워크숍이 가능할까? 라는 생각을 했었습니다. 그런데 '신호등 카드'를 활용한 Z사 워크숍을 경험하면서 '아! 이런 워크숍도 가능하겠구나!'라는 생각이 들었습니다.

　퍼실리테이터가 처음 설계한 방법과 다르게 참여자들이 도구를 사용할 수도 있습니다. 도구가 사람들의 참여를 촉진하고 그 도구를 사용하고자 했던 목적을 해치지 않는다면 '도구는 도구일 뿐' 입니다. 참여자들의 참여를 효과적으로 도와주기 위함이며 그 이상 그 이하도 아니라는 것을 경험을 통해 느끼게 되었습니다. 덧붙여 특정 프로세스 에서만 쓸 수 있는 방법과 도구가 정해져 있지 않다는 것도 알게 되었습니다.

문제점 찾기의 시작, 현황 파악 어떻게 하나요?

'콩 심은 데 콩 나고 팥 심은 데 팥 난다' 라는 말이 있습니다. 원인에 따라 결과가 생긴다는 뜻입니다. 콩을 심었는지 팥을 심었는지 제대로 파악해야 결과(콩 또는 팥)를 예측할 수 있습니다. 워크숍 퍼실리테이션에서도 원인과 현황 파악을 통해 결과인 문제를 찾습니다. 문제의 사안에 따라 해결 아이디어를 발굴하기도 합니다. 워크숍 퍼실리테이션에서 현황을 파악한다는 것은 세 가지로 설명할 수 있습니다. 첫 번째는 문제에 대한 사실 여부(Fact Check_팩트 체크)를 파악하는 것 입니다. 두 번째는 문제의 민감도에 대한 합의이고, 세 번째는 문제의 원인을 찾는 것 입니다.

첫 번째 '문제에 대한 사실 여부 파악'을 예시를 통해 자세히 설명하겠습니다.

☑ 다른 이해관계자의 사실여부 파악을 통한 문제점 찾기, P사 매출 향상 워크숍

'A 상품의 매출 향상을 위한 아이디어 워크숍'을 담당 부서 관리자의 요청으로 진행하게 됐습니다. 참석 대상은 현장 매장을 관리하는 실무자였습니다. 사전 인터뷰에서 관리자와 실무자들을 만났습니다. 관리자들은 실무자들이 A상품에는 전혀 관심이 없고 실무자들이 팔고 싶고, 판매가 쉬운 B 상품에만 관심을 갖고 있다는 불만을 토로 했습니다. 실무자들은 B상품만큼이나 A상품을 판매하기 위해 노력을 하고 있고 성과도 나오는데 왜 관리자들은 그 부분을 모르는지 이해가 안 간다는 불만을 얘기했습니다. 인터뷰를 마치고 워크숍을 어떻게 설계할 지 고민 됐습니다. 요청 받은 주제(A 상품의 매출 향상을 위한 아이디어 워크숍)를 관리자 관점에서 바라보고 설계한다면 참여자들이 반감을 가질 수도 있겠다는 생각이 들었기 때문입니다. 결과물에 있어서도 관리자들은 실무자들이 A상품 관련 영업활동을 모르고 있으니, 실무자들은 이미 하고 있는 프로젝트나 활동들을 뻔하게 얘기할 것이라는 생각이 들었습니다. 문제 상황에 대한 오해로 평행선만 달리는 워크숍을 진행할 수도 있겠다는 생각도 들었습니다. 고민 끝에 TV 프로그램인 '신비한 TV 서프라이즈'를 응용한 세션을 설계했습니다. 'A상품 영업 활동의 진실 혹은 거짓' 이라는 테마로 현황 파악 시간을 가졌습니다.

인터뷰를 통해 얻은 내용을 바탕으로 관리자 대상 사전 설문을 진행했습니다. 설문 결과물은 워크숍 당일 실무자에게 오픈 할 예정이니 현황을 바탕으로 솔직하게 답변해주기 바란다는 내용을 덧붙였습니다. 관리자들은 'A상품' 성과를 당장 올려야 하는 상황이기에 적극적으로 회신을 주셨습니다. 설문 결과를 바탕으로 워크숍 장표를 만들었습니다. 워크숍 당일 참여자(실무자)들에게 설문했던 내용 그대로 질문했습니다. 관리자들이 어떤 답변을 했을지 그룹별로 생각해보고 답변을 적도록 했습니다. 이어 실제 관리자들이 했던 답변을 확인하는 시간을 가졌습니다. 답변을 확인하면서 관리자들이 실무자들에게 갖고 있는 생각들을 '진실 혹은 거짓'으로 비교하는 시간으로 구성했습니다. 관리자의 오해가 있을 경우 해명하는 시간도 가졌습니다.

'진실 혹은 거짓'에서 나온 내용들을 사실을 기반으로 정리해 공유했습니다. 'A상품'을 둘러싼 관리자와 실무자의 인식의 차이를 좁히고 문제의 원인들을 명확하게 정리할 수 있었습니다. 이 내용을 바탕으로 아이디어 발산하는 시간을 가졌습니다. 관리자들이 안 하고 있다고 생각했던 실무자들의 A상품 매출 향상 활동(기존에 하고 있는)을 어떻게 더 많은 매출로 이어갈지, 관리자에게 어떻게 어필할지 등의 질문을 했습니다. 관리자와 참여자들의 생각이 일치하는 경우, 이를 어떻게 강화하고 실행할 지 아이디어를 찾는 시간도 가졌습니다. 아이디어 실행 시 관리자의 도움이 필요할 경우 그 내용도 작성하도록 했습니다.

P사 워크숍의 경우 문제를 둘러싼 사실 여부(Fact Check_팩트 체크) 파악을 통해 관리자와 참여자들의 간 오해를 해소할 수 있었습니다. 그 결과, 사실을 기반으로 실제적인 매출 향상으로 이어지는 실행 가능한 아이디어를 찾을 수 있었습니다.

[그림10. Fact Check 프로세스]

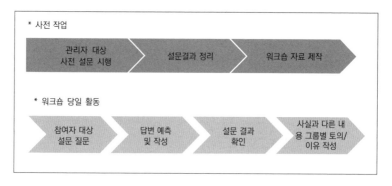

두 번째는 '문제의 민감도에 대한 합의'를 하는 것 입니다. 워크숍 퍼실리테이션을 하면서 다루는 어려운 주제 중 하나는 '갈등 해결'입니다. '갈등'이라는 말은 자주 등장하지만 인터뷰 및 설계를 하다 보면 참여자들이 '갈등'에 대해 다르게 인식하는 경우를 많이 보게 됩니다. 예를 들어 '조직 내 갈등 해결을 위한 아이디어 찾기'라는 워크숍이라면 어떤 참여자는 "싸우지도 않았는데 무슨 갈등이 있나요? 우리는 갈등이 없는 조직이에요. 워크숍 안 해도 될 것 같아요."라고 말하기도 합니다. 어떤 참여자는 "부서별 이기주의가

퍼실리테이션을 만나다

있는 것 같은데 이것을 해결하기 위한 얘기를 워크숍에서 하면 되나요?"라고 묻기도 합니다. '갈등'에 대한 이해가 다를 경우, 먼저 '갈등'을 정의하고 워크숍을 시작합니다. 현 상황을 갈등 상황이라고 한다면 그 심각성은 어느 정도 인지 10점 만점을 기준으로 숫자로 합의하기도 합니다. 합의를 하는 가운데 각자 갈등 또는 문제라고 생각하는 이유들을 함께 공유합니다. 이 과정을 통해 갈등과 문제 상황을 둘러싼 정보 차이를 좁힐 수 있습니다. 또 갈등을 비슷한 수준으로 이해했다면 다음 단계에서는 동일한 관점에서 갈등 해결을 위한 아이디어를 낼 수 있습니다.

갈등에 대한 민감도 합의를 하기 위해 제가 주로 활용하는 방법

[그림11. '나의 온도는?' 워크숍 활용 장표]

주제별 상황온도계

변화시킬 수 있는 임계점이 100도라면
지금 현재는 몇 도 인가요?

1) 몇 도 인지 생각해보시고, 그 온도를 준 이유/
   상황의 문제점을 포스트 잇에 2가지 작성 하기

2) 점으로 온도계 보드에 표시 및 조 내에서 공유하기

은 '나의 온도는?' 입니다. 예를 들면, '조직 문화 개선 워크숍'을 할 때 우리 조직의 가장 이상적인 상황을 100도로 생각하도록 합니다. 현재 상황을 온도로 표현하면 몇 도 인지와 그 이유를 생각하는 시간을 가졌습니다. 조 내에서 해당 내용을 공유하면서 민감도에 대해 합의하는 시간을 가졌습니다. 현재 온도와 이상적 온도의 차이를 문제점이자 조직 내 갈등 포인트가 될 수 있다고 설명했습니다. 워크숍은 자연스럽게 현재의 상황을 이상적인 상황으로 만들기 위한 방안을 찾는 시간으로 이어졌습니다.

세 번째는 '문제의 원인'을 찾는 것 입니다. 어디가 아픈지 알아야 올바른 처방약을 쓸 수 있듯 아이디어를 찾기 전에 문제의 원인을 파악하는 것이 필수적입니다. 원인을 찾기 위해 많이 활용하는 방법은 '피쉬본(Fish bone) 다이어그램' 입니다.

[그림12. '피쉬본 다이어그램' 활용 예시]

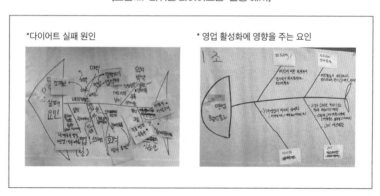

퍼실리테이션을 만나다

'피쉬본(Fish bone) 다이어그램'은 생선뼈 모양을 한자로 바꿔 '어골도' 또는 만든 사람의 이름을 따서 '이시가와(Ishikawa) 다이어그램'이라고도 불립니다. 문제를 일으킨 원인과 조건들을 살펴보고 각각의 원인들을 분석하고 결과를 도출하는데 사용됩니다.

작성 방법은 생선의 머리 모양에 문제를 쓰고 큰 생선 뼈에 주요 원인들을 적습니다. 잔 가시에 세부적인 사항들을 작성합니다. 워크숍 퍼실리테이션 시 '피쉬본 다이어그램'을 활용해 문제의 원인을 분석하고 그 원인을 바탕으로 추가 장 표 없이 아이디어를 찾는 것을 연계해 활동하기도 합니다.

퍼실리테이터만 모르고
참여자는 다 아는 문제
어떻게 파악할 수 있나요?

'방 안의 코끼리'라는 말을 들어본 적 있나요? '2017년 국제퍼실리테이터협회(IAF) 아시아 컨퍼런스'에서 Vinay라는 퍼실리테이터의 세션에 참여해 '방 안의 코끼리'라는 용어를 처음 들었습니다. 세션에 참여하면서 '방 안의 코끼리'라는 용어가 생소했을 뿐이지 이미 워크숍 현장에서 많이 경험했다는 것을 알게 됐습니다. 세션을 마친 후에는 '방 안의 코끼리'와 관련된 추가적인 정보를 찾기 위해 조직 개발과 리더십 관련 책들을 찾아봤습니다. 『어댑티브 리더십 (Adaptive Leadership)』이라는 책에서 '방 안의 코끼리'에 대해 자세히 다루고 있었습니다.

'방 안의 코끼리(Elephant in the room)'는 조직 혹은 공동체에 존재하는 문제로, 모두가 알고 있지만 공개적으로 논의하지 않는 어려운 문제[*]를 의미합니다. 여기에서 '코끼리'는 조직에서 알고 있는 그리고 해결해야 할 문제를 말합니다.

여러분은 워크숍 퍼실리테이션을 하면서 '방 안의 코끼리'를 만난 경험이 있나요?

예를 들면, 워크숍을 퍼실리테이팅 하다가 참여자들이 얘기는 하고 있지만 분위기가 뭔가 어색하거나 퍼실리테이터인 나만 동떨어져 있는 느낌을 받은 적 있나요? 또는 뭔가 핵심을 벗어난 겉도는 느낌의 토의를 퍼실리테이팅한 경험이 있나요? 잘 진행되고 있는 것 같지만 그게 아닌 것 같은 느낌… 마치 TV 광고에 "참 좋은데 설명할 방법이 없네"라는 카피처럼 '뭔가 놓치고 있는 것 같은데 설명할 방법이 없네…' 라는 느낌 말입니다.

---

[*]　로널드 A. 하이페츠, 「어댑티브 리더십 (Adaptive Leadership) 2 _ 방 안의 코끼리, 시스템을 진단하라」

☑ '방 안의 코끼리'를 만나 퍼실리테이터만 겉돌았던 H사 워크숍

H사 10명의 팀원을 대상으로 신사업 발굴과 관련된 워크숍을 했었습니다. 아이스브레이킹을 했고 순조로운 분위기에서 워크숍을 시작했습니다. 신사업에 대한 아이디어를 끌어내기 위해 '지금까지 H사에서 했었던 사업은 어떤 것들이 있었나요?'라고 질문했습니다. 참여자들은 뭔가 할 말이 있는 듯 했지만 서로 눈치만 보고 있었습니다. 마치 퍼실리테이터인 저를 제외하고 모두가 알고 있는 내용과 상황, 알지만 말하지 않는…. 그런 느낌을 받았습니다. 잠시 쉬는 시간을 갖고 무엇이 문제인지 이 상황을 어떻게 극복할 것인지 생각했습니다. '방 안의 코끼리'를 찾고 분위기 환기를 위해 활용했던 방법은 'If I were human?(내가 사람이라면?)'이라는 방법입니다. 'If I were human? (내가 사람이라면?)'은 주제가 '사람이라면 어떤 사람일지' 의인화하는 방법입니다. 의인화를 통해 장/단점을 찾고 좋아하는/싫어하는 것을 생각할 수 있습니다. 'If I were human?(내가 사람이라면?)'이 좋은 점은 사람의 다양한 면을 구체화해 주제를 다각도로 볼 수 있다는 것입니다. 무엇보다 말하기 어려운 주제를 제 3자로 객관화 할 수 있어 참여자들이 보다 부담 없이 참여할 수 있습니다.

이 방법을 통해 주제의 양면을 다루면서 참여자들이 말하지 않는 '코끼리'에 대해 파악할 수 있었습니다. 예를 들면 친한 친구와 안 친한 친구를 언급했다고 가정해보겠습니다. 안 친한 친구를 통해 타 부서와의 KPI 중복으로 있었던 갈등을 파악할 수 있었습니다. 참여자들이 '숨겨진 아이'로 표현하는 내용도 있었습니다. 의미를 물어보니 출시한 서비스가 매출로 이어지지 않아 서비스를 조기 중단 했고, 회사에서조차 해당 서비스를 런칭 했는지도 모르는 사람들이 많다고 했습니다.

그 외에 파악한 사항들을 바탕으로 질문을 하면서 워크숍 퍼실리테이팅을 했습니다. 참여자들이 주제에 대해 말하지 못한 이면의 내용들은 활동을 통해 평소 사업과 관련해 갖고 있던 생각들을 허심탄회하게 얘기하는 자리가 됐습니다.

'OOO이 사람이라면' 방법은 이미 우리가 알고 있는 '의인화'를 활용한 익숙한 방법입니다. 조직 외부에 있는 제 3자인 퍼실리테이터가 조직 내부의 민감한 이슈나 말하지 않는 '방 안의 코끼리'에 대해 파악하기가 쉽지 않습니다. 이 때 쓸 수 있는 아주 강력한 방법입니다. '방 안의 코끼리'로 고민하는 퍼실리테이터가 있다면 아래의 예시를 참고해 워크숍에 적용해보면 좋을 것 같습니다.

[그림13. If I were Human? OOO이 사람이라면? 활용 방법]

주제에 대해 사람으로 표현 하는 방법으로 객체화, 의인화를 통해 사안을 보다 다각도, 객관적으로 바라볼 수 있는 방법

* 진행 방법 (그룹별 진행 시)

1) 워크숍 주제가 사람이라면 어떤 사람일지 생각해봅니다
2) 보다 구체적으로 생각해봅니다
   (성별, 나이, 이름, 성격, 친한 친구, 좋아하는 것, 싫어하는 것 등등)
3) 그룹별로 토의를 통해 주제를 사람으로 그려봅니다
4) 전체 공유 합니다
   (같은 질문에 그룹별로 다르게 작성했을 경우 퍼실리테이터는 질문을 통해 해당 내용을 함께 공유합니다)

[그림14. If I were Human? OOO이 사람이라면? 결과물 예시]

[평창올림픽이 사람이라면 어떤 사람일까?]

[중국이 사람이라면 어떤 사람일까?_2019 IAF China conference]

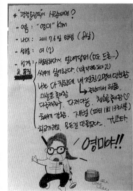

퍼실리테이션을 만나다

아이디어를 찾는
생각 발산하기

워크숍 퍼실리테이션을 하면 대다수 워크숍에서 '아이디어 발산' 단계를 거칩니다. 여기서 말하는 '아이디어(Idea)'라는 단어는 그리스어 idein(보다)에서 유래했습니다. idein(보다)은 '되어 보여지는 것 자체, 형상'이라는 의미입니다. 정리하면 사람들의 생각이나 머리 속에 있는 무언가를 보여지도록 하는 것이 바로 아이디어입니다. 워크숍 목적과 주제, 일정에 따라서 얼마의 시간을 어떻게 할애해서 아이디어를 발산할 지 설계를 합니다. 이렇게 설계하고 워크숍을 했음에도 불구하고 어느 워크숍이든 나오는 얘기는 '늘 아이디어가 부족하다'입니다. 워크숍에서 나온 아이디어의 개수가 절대적으로 적은 개수가 아닌데도 말입니다.

과연 '아이디어가 부족하다'라는 건 어떤 의미일까요?

가. 새로운 아이디어가 없음

나. 의사결정 할 아이디어가 없음

다. 아이디어가 구체화되지 않아 어떤 아이디어인지 잘 모르겠음

✛ 가. 새로운 아이디어가 없음

이미 충분한 아이디어의 수가 있음에도 불구하고 부족하다고 느끼는 경우, 새로운 아이디어의 부재인 경우가 많습니다. 아이디어 추가 발산을 통해 새로운 아이디어를 찾아야 합니다. 일반적인 아이디어 발산은 '브레인스토밍(BrainStorming)'*과 같이 아이디어를 자유롭게 떠올리는 자유 발산부터 시작합니다. 자유 발산을 통해 충분한 아이디어가 나오지 않을 경우, 강제로 아이디어를 낼 수 있는 소재나 도구를 활용하는 강제 발산을 진행합니다. 여기에서는 자유 발산과 강제 발산의 중간 단계에서 활용할 수 있는 "사례"를 활용한 아이디어 발산 방법에 대해 다뤘습니다

☑ 벤치마킹에도 공감이 필요하다,
타사의 사례를 통해 아이디어를 도출한 0사 워크숍

---

* 브레인스토밍은 집단적 창의적 발상 기법으로 집단에 소속된 인원들이 자발적으로 자연스럽게 제시된 아이디어 목록을 통해서 특정한 문제에 대한 해답을 찾고자 노력하는 것을 말한다. 브레인스토밍이라는 용어는 알렉스 오스본(Alex Faickney Osborn)의 저서 Applied Imagination으로부터 대중화되었다. _위키백과

중소기업인 O사를 대상으로 신사업 아이템 발굴 워크숍을 한 적이 있습니다. O사의 경우 해당 업계 순위 20위를 전후하는 강소기업 입니다. 기존에 신사업에 대한 검토가 있었지만 보다 다각도로 신사업에 대한 아이디어를 찾기 위해서 이번 워크숍을 요청했습니다. 준비 단계에서 사전 인터뷰를 통해 대표님과 임직원들이 신사업에 대해 어떻게 생각하는지 파악하는 시간을 가졌습니다. 그 결과 O사는 내부적으로 유사 산업군으로 확장하는 신사업 수직 확장(기존의 사업에 대한 노하우와 인프라, 자원 등을 활용해 사업을 확장)에 대한 관심이 많았습니다. 단계별로 아이디어를 발산하기 위해 1차 브레인스토밍을 진행했습니다. 브레인스토밍 4대 원칙*에 대해 설명했고 자유로운 아이디어 발산으로 이어지도록 참여를 도왔습니다.

2차 아이디어 발산을 위해 벤치마킹 사례로 동종 업계 1위인 Z사를 선정해 사례를 준비 했습니다. Z사는 업계 1위인 만큼 당연히 우수한 사례도 많았고 자원이 많다 보니 할 수 있는 신사업도 많았습니다. 후발업체인 O사에서 Z사의 사례들을 함께 보고 얘기 나눈다면 영감을 받을 만한 것이 있을 것이라 생각했습니다. 워크숍 설계와 관련해 고객과 사전 소통하던 중 '이 사례만 준비하셨나요?'

---

* 브레인스토밍 4대 원칙 (출처 : 위키피디아)
  - 다다익선 : '양이 질을 낳는다' 많은 숫자의 아이디어가 제시될수록 효과적인 아이디어가 나올 수 있음
  - 비판금지 : 참여자들이 자유로운 분위기 속에서 독특한 생각을 꺼낼 수 있음
  - 자유분방 : 많고 좋은 아이디어 목록을 얻기 위해서 엉뚱한 의견을 가지는 것도 장려됨
  - 조합개선 : 1+1이 3이 될 수도 있다는 슬로건에 따라, 아이디어를 연계시키는 것으로 더 뛰어난 성과를 얻을 수 있음

라는 질문을 받았습니다. 순간 '왜 이 질문을 하지?'라는 생각이 들었습니다. '누가 들어도 아는 1위 기업이고, 후발 업체들은 P사처럼 사업을 키우고 싶을텐데… 그렇다면 당연히 이 회사의 사례를 준비하는 것 아닌가?' 의아해 하며 그 질문에 대해 다시 물어봤습니다. 고객의 답변은 직원들에게 해당 사례를 보여줬을 경우 직원들이 '그 회사는 업계 1위이고 대기업이니까 가능하죠, 우리 회사랑 상황이 달라요'라는 생각으로 이질감을 느낄 수도 있다는 것입니다. 순간 '헉!' 하는 생각이 들었습니다. 준비한 사례는 참여자와의 공감을 고려하지 않고 벤치마킹에만 초점을 맞춰 1차원적으로 생각한 것이었다는 것을 알게 됐습니다.

고객사의 현 상황(추진사업, 최신 뉴스 등)과 동종업계의 유사한 규모의 사업체의 사례들을 소개하면서 아이디어 발산을 도왔습니다. 사례를 소개할 때, '아! 저기가 그래서 그랬구나, 우리는 이런걸 해

[그림15. 타사의 사례를 활용한 아이디어 발산 0사 워크숍 장표]

퍼실리테이션을 만나다

볼까?' 라는 참여자들의 공감하는 소리를 들을 수 있었습니다. 고객이 요청한 신사업 수직 확장과 관련된 리스트를 도출할 수 있었습니다. 또한 참여자가 공감할 수 있는 사례 준비가 필요하다는 것도 생각하게 된 계기가 됐습니다.

충분한 아이디어를 발굴하기 위해 두 번째로 많이 사용하는 방법은 '주제를 반대로 뒤집기'입니다.

아이디어 발굴 할 때 많이 쓰는 방법은 떠오르는 아이디어를 자유롭게 발산하는 '브레인스토밍(Brain Storming)'입니다. '리버스 브레인스토밍(Reverse BrainStorming)'은 '브레인스토밍'을 응용한 방법입니다. '브레인스토밍'이 문제를 해결하기 위한 아이디어를 찾는 방법이라면 '리버스 브레인스토밍'은 '주제를 망치는 아이디어, 주제를 해결하지 못하게 하는 아이디어'를 찾는 방법 입니다. 일반적으로 워크숍에서는 문제나 갈등을 해결하기 위한 아이디어 발산을 합니다. '리버스 브레인스토밍'을 통해 문제를 심화시키거나 상황을 망친다는 발상 자체가 참여자들에게 새로운 자극이 될 수 있습니다. 실제로 해보면 일탈하듯 참여자들끼리 하지 말라는 것, 하면 안 되는 것을 신나게 얘기합니다. 모둠이 여러 개 있을 경우, 가장 많이 쓴 그룹에게 줄 작은 선물을 준비한다면 참여자들은 더 적극적으로 참여합니다. 발산이 끝나면 그룹별로 작성한 내용을 함께 공유합니다. 실제로 참여자들은 즐거워하면서 생각들을 공유하고, 서로 쓴 아이디어 개수에 놀라 감탄을 하기도 합니다.

'리버스 브레인스토밍'을 워크숍에서 활용할 때 '청개구리 아이디어 발산'이라는 이름을 사용합니다. '리버스 브레인스토밍'이라는 이름은 퍼실리테이터에게 익숙하지만 참여자들에겐 낯선 용어이기 때문입니다. '청개구리 아이디어 발산'을 활용할 때는 자연스러운 몰입을 위해 먼저 질문을 합니다. "말 안 듣는 동물, 시키면 반대로 하는 동물 하면 가장 먼저 어떤 동물이 떠오르나요?" 참여자 대다수는 '청개구리'라는 답변을 합니다. "그럼 지금부터 우리 다같이 청개구리가 되어 워크숍의 주제를 망치는 아이디어를 한 번 찾아볼까요?"라고 얘기합니다. 순간 참여자들은 '내가 잘못 들었나?'하는 반응입니다. 이 때, "우리 늘 해결을 위한 생각들만 해봤으니 이번엔 좀 다르게 해볼게요. 망치는 아이디어, 방해하는 아이디어를 찾아볼까요?"라고 말합니다. 참여자들은 곧 '이 워크숍은 뭔가 좀 다른데?'라고 생각하며 즐겁게 아이디어를 냅니다. 기존과 다른 접근이기도 하고, 해결이 아닌 문제를 키우는 아이디어를 찾는 방법이기에 10분 내외의 시간 동안 3~40개의 아이디어를 찾을 수 있습니다. 참여자들의 창의적인 생각에 웃거나 재미있어 하면서 아이디어를 확인하는 시간을 갖습니다. 이 과정을 통해 참여자들에게 워크숍에 편안하고 즐겁게 참여할 수 있음을 자연스럽게 느낄수 있도록 해줍니다. 아이디어 개수를 확인하면서 짧은 시간에 많은 아이디어를 찾았음을 확인시켜주고, 아이디어를 내는 것이 어렵지 않음을 설명합니다. 에너지가 올라가고 즐거워진 분위기에서 원래 주제로 돌아와 아이디어 발산을 합니다. 이 때, 앞서 찾은 '리버스 브레인스토밍'의 결과물을 참고한다면 새롭고 더 많은 아이디어를 낼 수 있습니다.

긴장이 완화되고 즐거운 분위기에서 아이디어 발산이 진행되었다면 다음 단계로 넘어가 워크숍을 진행하면 됩니다. '청개구리 아이디어 발산'은 '주제를 반대로 뒤집기'라는 쉽지만 강력한 방법입니다. 꼭 한번 활용해 보기 바랍니다.

[그림16. Reverse BrainStorming(리버스 브레인스토밍)_청개구리 아이디어 발산법 활용방법]

주제를 해결하지 못하도록/방해하는 아이디어를 발산 후 그 내용을 참고 해 다시 자유 발산을 하는 방법

* 진행 방법 (그룹별 진행 시)
1) 워크숍 주제와 반대되는 문장을 만듭니다
   예시- 주제 : 조직문화를 활성화 할 수 있는 아이디어 발굴
   워크숍 → 조직문화를 망치는 아이디어 찾아보기
2) 그룹별로 생각나는 아이디어를 자유롭게 작성합니다
3) 작성한 내용을 같이 공유합니다
   이 때, 짧은 시간에 많은 아이디어를 낸 것에 대해
   서로 격려합니다
4) 다시 워크숍 주제로 돌아와서 아이디어를 냅니다
   필요할 경우, 반대 아이디어를 참고해서 새로운
   아이디어를 냅니다

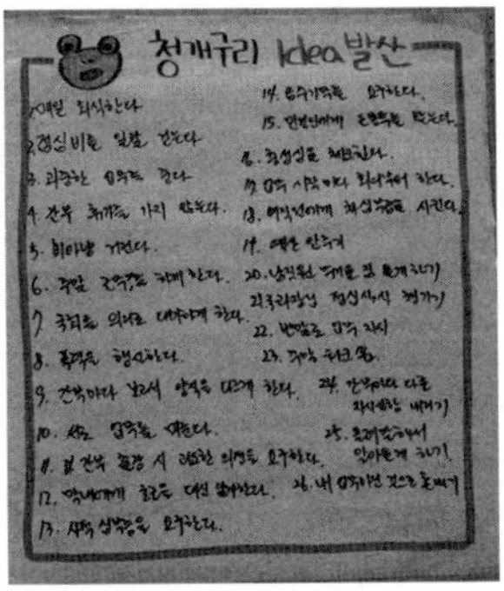

* 활용 Tip 및 기대 효과
· 문제 해결에 초점이 맞춰진 참석자들을 환기시키고 창의력을 촉진하는 효과
· 기존과 다른 역발상으로 기존보다 많은 아이디어 발산 가능

자유 발산을 통해 더 이상 아이디어 나오지 않는다면 어떤 방법을 쓰면 좋을까요?

강제 연상법 중 '랜덤 워드(Random Word)'라는 방법이 있습니

다. '랜덤 워드'의 원리는 우리가 일상적으로 고민하던 주제와 전혀 관계가 없는 단어를 하나 선택하고, 그 단어에서 연상되는 의미들과 주제를 강제로 연계시켜서 아이디어를 내는 방법[*]입니다. 랜덤 단어가 '주전자'라면 먼저 '주전자'의 특징과 속성을 15개 내외로 찾아봅니다. 15개 내외의 주전자의 특징을 담은 단어들과 주제를 연결해 아이디어를 발산합니다. '랜덤 워드'의 결과물 모양만 보면 '마인드 맵(Mind Map)[**]'과 비슷해 같은 방법이라 생각할 수도 있습니다. 결과물의 세부내용을 보면 확연히 다른 방법임을 알 수 있습니다. '마인드 맵'의 경우 핵심 단어를 중심으로 어느 방향이든

[그림17. 랜덤 워드(Random Word) 활동 예시]

---

[*] 『소통을 디자인하는 리더 퍼실리테이터』 채홍미, 주현희 지음, p/109
[**] 토니 부잔(T.Buzan)이 고안한 방법으로 핵심단어를 중심으로 거미줄처럼 아이디어를 발산

퍼실리테이션을 만나다

(안에서 밖으로, 밖에서 안으로) 단어들이 유기적으로 연결되어 있습니다. 반면 랜덤 워드는 단어에서 연상되는 특징과 의미를 바탕으로 1차 발산을 합니다. 2차 발산에서는 주제와 단어의 특징을 연관 짓습니다. 1~2차 발산을 통해 나온 단어들은 연결되어 있지만 일관성 있게 연결되어 있지 않아 분절적으로 보일 수 있습니다.

❖ 나. 의사 결정할 아이디어가 없음

워크숍을 하다 보면 "지금까지 이 아이디어를 낸 거야?"하고 아쉬워하는 상황이 발생하기도 합니다. 의사결정권자들이 워크숍 종료 시점에 와서 이런 말을 한다면 당황스러울 것입니다. 의사결정권자들이 이렇게 얘기하는 경우, 일부는 앞서 다룬 새로운 아이디어가 없기 때문입니다. 또 다른 이유는 아이디어 결과물이 의사결정을 받기에는 너무 작아 자체적으로 결정하고 실행해도 되는 내용인 경우입니다. 워크숍 중에 열심히 질문하고 촉진 했음에도 이렇게 결과물이 나온다면 퍼실리테이터로서 너무 안타까운 마음이 듭니다. 퍼실리테이터는 아이디어를 판단하거나 의사결정에 개입할 수 없기 때문입니다. 이런 상황이 오기 전에 퍼실리테이터로서 "이 아이디어를 실행한다면 어떤 지원이나 도움이 필요할까요?"라는 질문을 자주 해야 합니다. 보통은 워크숍 결과물 공유 때 의사결정권자로부터 아이디어 실행에 대한 의사결정을 받습니다. 아이디어 실행단위가 작아 별도의 의사결정이 필요 없는 경우도 있습니다.

대신 이 아이디어를 실행할 수 있도록 지원하거나 발생할 수 있는 문제를 해결해 줄 수 있는지 의사결정 받을 수 있습니다. 이 과정을 통해 다소 아쉬운 아이디어가 나왔다 하더라도 의사결정권자에게 아이디어에 대한 협조를 자연스럽게 구하는 시간을 가질 수 있습니다. 또 의사결정권자의 지지 표현으로 참여자들의 만족도도 높아질 것입니다. 아이디어가 의사결정권자로부터 채택되어 실행으로 이어지고 성과까지 난다면 정말 이상적일 것입니다. 이 워크숍을 통해 한 번의 워크숍의 결과물은 아쉬울 수 있지만 지속적으로 참여한다면 어떨까요? 장기적으로 봤을 때 구성원간 신뢰는 높아지고, 조직에 도움이 되는 양질의 아이디어가 다수 도출될 것입니다.

❖ 다. 아이디어가 구체화되지 않아 어떤 아이디어인지 잘 모르겠음

아이디어가 구체화 되지 않았을 경우, 참여자들은 주제에 대한 이해도나 관여 정도에 따라 아이디어를 다르게 해석할 수 있는 여지가 많습니다. 아이디어를 어느 정도까지 구체화 할 것인가에 대해 아이디어 발산 단계에서 고려해야 합니다. 워크숍 결과물이 아이디어 목록만 도출하는 것이라면 아이디어를 한 문장으로 정리할 필요가 있습니다. 만약 아이디어 발산 이후에 구체화 단계가 포함되어 있다면 아이디어 목록만 도출하는 경우와 다르게 구체화할 필요가 없는 경우도 있습니다. 이 경우 참여자들끼리 A 아이디어를 같은 의미로 이해하고 있고 여기까지 구체화하는 것에 대해 합의가 필요합니다. 부족한 구체화 부분은 다음 단계에서 보완할 수 있기 때문입니다. 아이디어 구체화는 다음 장에서 사례와 함께 자세히 다루도록 하겠습니다.

퍼실리테이터에게 묻다

워크숍 할 때 퍼실리테이터가 기록해도 되나요?

지역 사회의 어르신들을 모시고 하는 워크숍에 참관한 적이 있습니다. 참여자들이 서로 오랜 기간 알고 있었기에 워크숍 분위기도 좋았고 즐거운 분위기에서 진행되고 있었습니다. 다소 아쉬운 점이 있다면 그룹 활동을 할 때 서기가 기록하는 시간이 오래 걸려 워크숍이 지연 되는 것이었습니다. 쉬는 시간에 테이블 퍼실리테이터에게 '퍼실리테이터가 서기 역할을 하면 어떨지' 조심스럽게 물어봤습니다. 퍼실리테이터의 답변은 '퍼실리테이터는 기록하는 게 아니다'라는 답변을 받았습니다. 워크숍에서 나온 생각들은 참여자들이 정리해야지 퍼실리테이터가 기록하면 안 된다는 것이었습니다. 처음 듣는 얘기에 당황스러웠던 기억이 있습니다.

'퍼실리테이터의 기록'에 대해 교육 과정이 있을 정도로 기록은 퍼실리테이터에게 중요한 요소입니다. 퍼실리테이터가 기록 할 때 염두 해야 할 점은 참여자의 언어로 기록해야 한다는 것입니다. 예

를 들면 여름 워크숍 관련 아이디어를 내는데 A라는 사람이 '수박을 사면 어떨까요? 여름에는 수박 만한 게 없죠!'라고 얘기했습니다. 이 때 퍼실리테이터가 임의로 말을 줄이거나 생략해 '제철 과일 구매 – 수박 등'이

라고 작성하면 안 된다는 것 입니다. 이 내용 자체가 퍼실리테이터가 참여자의 말을 임의로 이해하고 해석해 작성한 것입니다. 퍼실리테이터의 기록 후에는 해당 아이디어를 낸 참여자에게 기록한 내용이 맞는지 확인해야 합니다. 임의로 작성 시 해석하는 과정에서 또 다른 생각으로 변형 될 수도 있기 때문입니다. 그리고 기록 내용을 참여자들이 모두 볼 수 있는 종이(이젤패드, 전지 등)에 크게 작성합니다. 다른 사람의 의견에 추가 의견을 내기도 하고 상호 질문을 하면서 보다 풍성한 워크숍을 만들 수 있습니다. 이 점을 유의한다면 퍼실리테이터는 좋은 기록자가 될 수 있을 것입니다.

뒤죽박죽 아이디어,
어떻게 체계적으로 정리하나요?

'정리 수납 전문가'라는 직업이 있습니다. 정해진 공간 안에서 살아가다 보니 그 공간을 효율적으로 정리하고 관리하기 위한 전문 직업입니다. COVID 19로 인해 집에 머무는 시간이 많아짐에 따라 정리 전문가에 대한 수요도 많아지고 있다고 합니다. 워크숍에도 나온 아이디어를 효과적으로 정리해주는 전문가가 있다면 얼마나 좋을까요?

워크숍 퍼실리테이션에서는 '아이디어 체계화' 과정을 통해 이전 단계에서 발산한 아이디어들을 정리합니다. '아이디어 체계화'는 유사하거나 같은 아이디어끼리 그룹을 만드는 '아이디어 그룹화'와 아이디어를 쉽게 볼 수 있도록 정리하는 '아이디어 도식화'로 구분할 수 있습니다. 그리고 아이디어 개수나 워크숍 목적에 따라

퍼실리테이션을 만나다

그룹을 만들거나 도식화 중 필요한 과정만 진행할 수 있습니다. 경우에 따라서는 두 과정을 모두 생략하고 아이디어를 구체화하기도 합니다.

✛ 가. 아이디어 그룹화

'무엇이 무엇이 똑같을까? 젓가락 두 짝이 똑같아요' 라는 동요가 있습니다. '아이디어 그룹화'에서는 동요처럼 같거나 유사한 아이디어들을 그룹으로 만들고 그룹에 이름을 만드는 활동을 합니다. '아이디어 그룹화'에서 자주 쓰는 방법으로 다수의 아이디어를 그룹으로 만들어 정리하는 'KJ법'이 있습니다.

'KJ법'은 이 방법을 만든 '가와기타 지로' 교수의 영문 이름의 앞글자를 따서 만들었습니다. 아이디어 발산과 체계화를 함께 다룬 방법으로 문제 정리와 발견을 효과적으로 할 수 있습니다.

> 먼저 워크숍 주제에 따라 참여자들이 생각한 아이디어를 카드에 적습니다.
> 내용이 비슷한 카드끼리 모아 그룹을 만들고 그룹에 이름을 만듭니다.
> 카드를 모으고 이름을 만들면서 그룹을 만드는 과정을 반복합니다.
> 마지막으로 그룹을 도표화하거나 문장화해서 정리합니다.

KJ법이 효과적인 이유는 주제에 대한 참여자들의 공통적인 생각을 쉽게 발견할 수 있다는 것입니다. 예를 들면, 참여자들의 관심이 많은 내용의 경우 많은 카드가 모여 있을 것입니다. 한 눈에 많은 카드가 모여 있음이 파악가능 하기 때문에 의견에 대한 합의가 어려운 대규모 이해관계자 그룹에도 유용하게 할 수 있습니다. 시간이 오래 걸리는 합의는 1차 합의를 임의로 할 수도 있습니다. 많은 의견 즉, 카드가 있는 그룹이 참여자들의 우선순위가 반영된 것이기 때문입니다.

아이디어 그룹화 과정은 아이디어들이 그룹을 이루면서 중복되거나 유사한 아이디어들을 통합하는 단계입니다. 추가적으로 이 책에서 다루지는 않았지만 그룹화의 의미나 방법에 대한 보다 구체적이고 자세한 프로세스에 대해 알고 싶다면 합의형성 기법 (Consensus Workshop Method)[*]을 참고하기 바랍니다.

✛ 나. 아이디어 도식화

'보기 좋은 떡이 맛도 좋다'라는 말이 있습니다. '아이디어 도식화'는 앞 단계에서 발산한 많은 아이디어 들을 이해하기 쉽도록 만드는 과정입니다. 아이디어를 시간대 별로 나열하기로 하고, 원인

[*] 컨센서스 워크숍 퍼실리테이션, ORP Press,

과 결과에 따라 정리하기도 합니다. '아이디어 도식화' 과정을 통해 100여 개의 개별적인 아이디어를 새로운 그래프나 표로 만들 수 있습니다.

1) 사분면 그리기

가로(X)와 세로(Y)를 축으로 두면 4개의 칸이 나오게 됩니다. '사분면 그리기'는 보통 2X2 매트릭스라고도 불립니다. 아이디어 구체화 후 의사 결정 단계에서도 활용되기도 하지만, 이 책에서는 아이디어를 특정 기준에 따라 쉽게 볼 수 있는 '도식화' 방법으로 풀어봤습니다.

예를 들어 소통과 관련한 워크숍을 한다면 먼저 소통이 잘 안 되는 원인들을 찾습니다. 원인을 바탕으로 소통을 잘 할 수 있는 아이디어를 찾는 과정을 진행합니다. 도출한 아이디어들을 '조하리의 창*'이라는 사분면을 통해 도식화합니다. '조하리의 창'은 자신도 알고 타인도 아는 '열린 창', 자신은 알지만 타인은 모르는 '숨겨진 창', 나는 모르지만 타인은 아는 '보이지 않는 창', 나도 모르고 타인도 모르는 '미지의 창' 이렇게 4개의 칸을 말합니다. (아래의 그림 참고) 앞서 나온 아이디어를 해당하는 칸에 배치합니다. 소통과 관련해 어떤 아이디어들이 많이 도출 됐는지 정리하고 확인할 수 있습니다. 또 부족한 아이디어가 있다면 아이디어를 추가로 발굴할 수

---

* 미국의 심리학자 조셉 루프트(Joseph Luft)와 해리 잉햄(Harry Ingham)이 1955년 발표한 논문에서 제시함.

[그림18. 아이디어 도식화_사분면 그리기 예시]

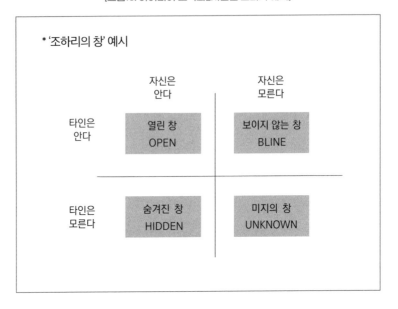

도 있습니다

2) 플로우 차트 만들기

플로우 차트는 아이디어를 시간 또는 프로세스 흐름에 따라 나열하는 방법입니다. 예를 들어 공장의 생산성 향상을 위한 아이디어들을 찾았다면 이 아이디어를 공장의 생산공정 흐름에 따라 정리할 수 있습니다. '고객 서비스 개선 아이디어'를 찾았다면 '고객의 제품 구매 프로세스'를 바탕으로 아이디어를 나열할 수도 있습니다. 시간순으로 나열하고 필요한 시점 별로 다음 단계에서 구체화하는 방법도 있습니다.

[그림19. 아이디어 도식화_플로우 차트 예시]

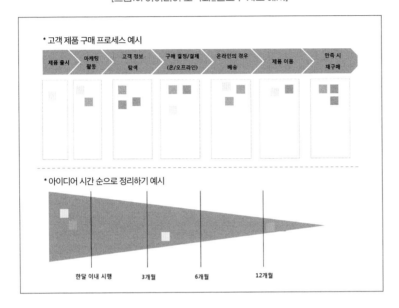

3) 중요도로 나열하기

아이디어를 우선순위화 할 때 어디에 중요도를 둘 것인지 기준을 선정합니다. 기준을 바탕으로 아이디어를 나열합니다. 중요도의 경우, 워크숍 목적에 따라 창의성이 될 수도 있고 실현가능성, 실행 시 효과가 될 수도 있습니다.

[그림20. 아이디어 도식화_중요도로 나열하기 예시]

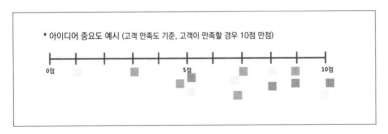

4) 프레이밍하기

　프레임(Frame)은 틀, 액자라는 뜻입니다. 프레임을 기준으로 '안과 밖' 영역으로 나눌 수 있습니다. 사각형을 그리고 사각형 안에는 이번 워크숍에서 다룰 아이디어를, 이번 워크숍에서 다루지 않을 아이디어들을 사각형 밖에 비치합니다. 사각형 밖이 자연스럽게 파킹랏(Parking lot) 역할을 수행합니다. '프레이밍'은 다양하게 나온 아이디어 중에 어떤 아이디어까지 구체화 할지 또는 다음 단계에서 다룰 지 정할 때 효과적인 방법입니다.

[그림21. 아이디어 도식화_프레이밍 하기 예시]

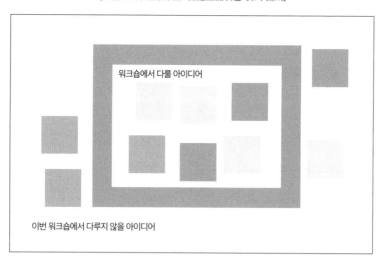

　　　　　　　　　　　퍼실리테이션을 만나다

아이디어는 어떻게
구체적으로 만들 수 있을까요?

  워크숍에서 나온 아이디어를 모든 사람이 같은 의미로 이해한다면 얼마나 좋을까요? 안타깝게도 아직까지 그런 경우를 많이 보지는 못했습니다. FT 아일랜드의 노래에 보면 '안녕이란 말 hello hello 이젠 goodbye goodbye난 hello hello oh 넌 goodbye goodbye' 라는 가사가 있습니다. 한 쪽에서는 '안녕'의 의미로 'Hello'라고 하지만 또 다른 한 쪽에서는 'goodbye' 의미로 안녕을 해석하는 내용입니다. 워크숍에서 이런 경우가 종종 발생합니다. 아이디어 제안자와 의사결정권자가 같은 아이디어로 이해할 수 있도록 아이디어 구체화나 별도의 부연 설명의 과정을 거치기도 합니다. 보여지는 아이디어와 그 해석이 다를 경우 위의 과정을 통해 '아! 이 아이디어가 그 아이디어였어?'라는 이해와 공감을 하게 됩니다.

아이디어 구체화는 어떻게 하는 것이 좋을까요?

먼저 사전 준비 단계에서 워크숍 결과물에 대한 확인을 구체적으로 해야 합니다. 아이디어 실행 시점이나 기간에 대한 확인을 통해 아이디어를 얼마나 구체화 할지에 대한 그림을 그릴수도 있습니다. 워크숍 특성과 주제에 따라 다르겠지만 3개월 내외 실행해야 하는 단기 실행 아이디어가 결과물인 경우 구체화 과정을 필수로 진행합니다. 고객의 요구에 따라 구체화 시킬 때 생각해봐야 하거나, 사전에 검토해야 하는 사항들이 있는 경우도 있습니다. 예를 들면 소요 비용, 고객가치, 리스크, 사업의 신선도 등 입니다.

아이디어 구체화 단계에서 가장 많이 쓰이는 방법은 'Who, What, How' 기법입니다.

'Who, What, How' 활용 시에는 기본 양식 외에 로드맵을 포함하기도 합니다. 'Who, What, How'를 활용 하다 보면 참여자들

[그림22. Who, What, How 양식]

아이디어 명	
Who	
What	
How	

의 아이디어나 워크숍 관심도에 따라 구체화 정도가 달라지는 경우가 있습니다. 경험들을 통해 퍼실리테이터가 생각하는 '구체화'가 참여자들이 생각하는 '구체화'가 아니라는 점을 알게 됐습니다. 또 '구체화'에 대한 의미도 다르게 해석 된다는 것도 알게 됐습니다. 아이디어 구체화를 진행할수록 '구체적인 양식을 통해 아이디어 구체화에 대한 가이드를 제시하면 구체화 정도가 비슷하지 않을까? 라는 생각이 들었습니다.

사업 아이디어 구체화 시 자주 활용되는 양식은 '비즈니스 모델 캔버스'입니다.

[그림23. 비즈니스 모델 캔버스*]

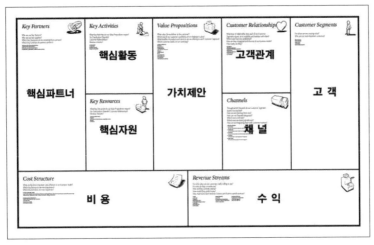

---

* 『Business Model Generation 비즈니스 모델의 탄생』, 알렉산더 오스왈더,

사업을 실행하는데 필요한 9개의 항목을 구체화하고 이를 통해 사업의 타당성을 점검하는 양식입니다. 여기에서 제시된 사업을 아이디어라고 생각하면 '비즈니스 모델 캔버스'를 워크숍에 충분히 활용할 수 있겠다는 생각이 들었습니다. '비즈니스 캔버스' 양식을 아이디어 구체화 워크숍에 적용해봤습니다. 너무 잘 만들어진 모델이지만 활용하면 할수록 워크숍 현장에서 쓰기에는 다소 어려운 내용이 있다는 생각이 들었습니다. 고민 끝에 아이디어 구체화 시 자주 활용되는 항목들을 중심으로 '비즈니스 모델 캔버스'를 참고해서 새로운 캔버스를 만들었습니다. [그림24]의 '아이디어 구체화 모델 I'이 첫 번째로 만들었던 '아이디어 구체화 모델' 입니다. 구체화를 돕기 위해 그림으로 표현하는 '시각화'를 추가했습니다. 기존의 아이디어와 어떤 점이 다르기 때문에 이 아이디어를 꼭 선정해야 한다는 내용을 담은 '차별화 포인트', 의사결정권자들이 고민하는 '리스크 및 요청 사항', 이 아이디어 채택 시 기존과 다른 '가치를 주고 또 기대효과'를 가져 올 수 있는지, 나아가 이 아이디어가 잘 실행되었다는 것을 '어떻게 효과로 측정할 것인가'에 대한 내용으로 항목을 구성했습니다. 실제 워크숍에 적용하면서 어떤 점 들을 보완해야 할 지 점검하면서 지속적으로 구체화 모델을 보완했습니다. '아이디어 구체화 모델 I'을 활용한 '그룹 시너지 발굴 아이디어 워크숍'을 진행했습니다. [그림24] '아이디어 구체화 모델 I'을 활용 해 워크숍을 했을 당시 "이 칸을 꼭 다 채워야 하나요?"라는 질문을 받았습니다. 이 '모델'을 만든 취지는 아이디어 구체화에 도움을 주기 위함이었습니다. 형식적으로 종이나 항목을 채우는 것이 아니었습니다. 참여자들이 생각하기에 구체화가 필요하지 않은 부분은 별도로 작성하지 않아도 된다고 설명했습니다. 양식의 빈 칸들은 참여자들이 토의를 통해 구체화가 필요한 항목들을 선택해 작성하도록 했습니다.

'아이디어 구체화 모델 I'을 활용하다 보니, 시간이 짧은 워크숍에서는 시간이 충분하지 않아 활용에 아쉬운 점이 있었습니다. '모델 I'을 보다 간소화해 3~4시간의 워크숍에 활용해도 좋겠다는 생각이 들었습니다. '아이디어 구체화 모델 II'를 만들어 '모델1'에서

[그림24. 아이디어 구체화 모델 I]

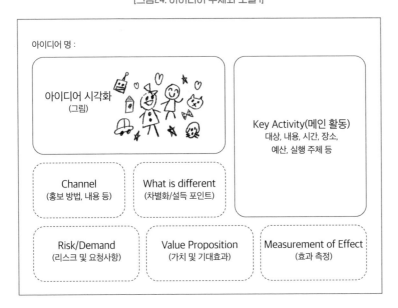

[그림25. 아이디어 구체화 모델 II]

아이디어 명 :

아이디어 시각화
(그림)

Key Activity(메인 활동)
대상, 내용, 시간, 장소,
예산, 실행 주체 등

Value Proposition
(가치 및 기대효과)

Measurement of Effect
(효과 측정)

[그림26. 아이디어 구체화 모델 I, II 활용 예시]

* 아이디어 구체화 모델 I
  - 주제 : 그룹 시너지 아이디어 발굴
  - 아이디어 명 : 그룹통합 체육행사 시행

* 아이디어 구체화 모델 II
  - 주제 : 효율적이고 효과적인 일하는 방식
    아이디어 발굴
  - 아이디어 명 : 포상 자판기 101

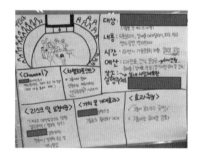

퍼실리테이션을 만나다

아쉬운 점들을 보완했습니다. '모델 I'과 비교해 아이디어의 '홍보 방법', '차별화 포인트', '리스크 및 요청사항'을 제외했습니다. '차별화 포인트'의 경우 메인 활동과 시각화에 녹아 들 수 있도록 아이디어 발산 시 퍼실리테이팅을 했습니다.

'아이디어 구체화 모델'과 관련해 '퍼실리테이터가 너무 깊이 개입해서 구체화 항목을 제시하는 것이 아닌가?'라고 생각하실 수도 있습니다. 실제로 워크숍을 해보니 '퍼실리테이터가 얼마나 다양한 질문과 준비들로 참여자들의 생각을 끌어내고 정리할 수 있도록 도와주는가'에 따라 워크숍 결과물의 퀄리티와 참여자들의 만족도에 영향을 준다는 것을 알게 됐습니다. 워크숍 퍼실리테이터로서 중립성을 유지하고, 참여자들이 결과물을 만들 수 있도록 도와주는 것이 퍼실리테이터의 중요한 역할입니다.

'아이디어 구체화'에 대해 고민하고 있는 워크숍 퍼실리테이터가 있다면 '아이디어 구체화 모델 I, II'를 참고해 필요한 부분들을 적용해보기 바랍니다.

질문을 활용해
퍼실리테이션하기

"퍼실리테이터에게 가장 필요한 능력은 무엇인가요?"라는 질문을 받는다면 어떻게 답해야 할까요? 자주 받는 질문이지만 이 질문을 받을 때마다 매번 무슨 답을 해야 할지 생각하게 됩니다. 그리고 질문한 사람에게 재질문을 합니다. "당신이 생각하기에 퍼실리테이터에게 가장 필요한 능력은 무엇인가요?"라고 말입니다. 다양한 답변이 나오지만 가장 많이 나오는 답변은 '다양한 퍼실리테이션 도구와 방법에 대한 숙지' 입니다. 참여자들의 답변처럼 퍼실리테이터가 다양한 도구와 방법을 안다면 워크숍 주제나 성격에 따라 적재적소에 활용할 수 있을 것 입니다. 당연히 워크숍 설계를 할 때도 많은 도움이 될 것 입니다. 퍼실리테이션을 시작했을 때는 이 부분에 동의해 도구와 방법이 가장 중요하다고 생각했습니다. 새로운 방법을 배우거나 경험하는데 많은 시간을 보내기도 했습니다. 물론 지금도 다양한 도구와 방법을 활용할 수 있는 능력은 중요하다고 생각하지만 더 중요한 것들이 있다는 것을 깨닫게 된 경험이 있어 공유하려 합니다.

☑ 질문의 의미에 대해 다시 한 번 생각하게 한 J사 워크숍

공공 데이터 관련 워크숍에 참여한 적이 있습니다. 민관을 뛰어 넘어 관련 분야의 내로라하는 전문가들이 참석한 워크숍이었습니다. 주제는 '국민들의 공공 데이터 사용 활성화'에 대한 내용이었습니다. 전문가들이 참여한 만큼 잘 해야 한다는 생각에 다양한 퍼실리테이션 기법을 활용해 워크숍을 설계했습니다. 전지에 미리 질문도 만들어 작성하고, 필요한 매트릭스를 출력해 벽에 미리 게시도 했습니다.

설레는 마음으로 워크숍을 시작했습니다. 먼저 워크숍 진행 일정에 대해 소개했습니다. 그리고 준비한 첫 번째 질문으로 워크숍을 시작했습니다.

> "사람들은 주로 언제 공공 데이터를 이용할까요?
> 또 공공 데이터를 이용하면 어떤 점이 좋을까요?"

순간 정적이 흘렀고 참여자 중 한 분이 질문을 했습니다.

"오늘 운영될 워크숍 전체 장표를 볼 수 있을까요?"

준비한 워크숍 장표를 순서대로 보여드렸습니다. 두 번째 질문을 받았습니다.

"네, 그 장표도 좋고 매트릭스 뭐 다 좋은데…
지금 질문한 내용으로 얘기를 하면 되나요? 그리고 일반 사람들이 공공 데이터가 뭔지는 알까요?
사람들이 생각하는 공공 데이터에 대한 논의도 안됐는데 지금 공공데이터 이용에 대해 얘기하는 게 맞나요? 공공 데이터에 대해 관심이 없을 수도 있는데…"

순간 조용해졌습니다. 정신 차리고 생각을 가다듬었습니다. 제가 준비했던 질문에는 참여자가 생각하는 공공 데이터가 무엇인지를 다루는 내용이 없었습니다. 이용자(국민)들이 생각하는 공공 데이터가 무엇인지에 대한 내용도 포함되지 않았습니다. 당연하게 공공 데이터에 대해 제가 생각하는 만큼 참여자와 이용자가 알 것이라고 생각하고 그 부분을 간과했습니다. 결정타를 날린 세 번째 질문을 받았습니다.

갑자기 식은땀이 나기 시작했습니다. 잠시 쉬는 시간을 갖기로 했습니다. 주제가 '국민들의 공공 데이터 사용'이기 때문에 너무 당연하게 국민들은 공공 데이터를 사용하고 싶어 한다고 생각 한 것입니다. 만약 참여자가 한 질문 중 "과연 국민들이 공공데이터를 이용하고 싶어할까?"라는 질문을 생각했다면, 워크숍의 방향은 크게 달라 졌을 겁니다. 국민들이 이용하고 싶다면 어떤 데이터인지 왜인지, 어떻게 데이터 이용을 활성화 할지, 허들을 극복할 지 등의 질문으로 워크숍이 진행되었을 것입니다. 반대로 이용하고 싶지 않다면 왜 이용하고 싶지 않은지, 데이터를 이용하고 싶도록 알려야

[그림27. J사 워크숍에서의 질문]

할지, 아니면 국민들이 공공 데이터를 사용하도록 해야 할지 등 다양한 얘기들을 나눌 수 있을 것입니다. 쉬는 시간을 통해 Co 퍼실리테이터와 질문의 방향을 수정했고 해당 참여자들과 함께 나누었습니다. 퍼실리테이터의 역할은 시간관리와 발언권을 안배하는 역할로 최소화해서 운영했습니다. 덕분에 워크숍은 '공공 데이터' 관련 다양한 얘기들을 나누면서 마무리 됐습니다. 개인적으로는 도구보다는 질문의 중요성에 대해 배울 수 있었던 소중한 경험이었습니다.

J사 워크숍을 통해 얻은 교훈들로 '워크숍 퍼실리테이터로서 어떤 질문을 해야 할까? 질문 연습은 어떻게 해야 하지?'라는 고민을 하게 됐습니다. 질문을 잘하기 위해 연습하고 참고했던 방법들 중 많은 도움이 된 내용들을 정리했습니다.

가. 집중대화기법 FCM의 질문도구 ORID 활용하기

나. How Might We(HMW) 활용하기

다. 코칭 대화(GROW) 연습

라. 질문 멘토 만들기

마. 나만의 핵심 질문 만들기

✛ 집중대화기법 FCM의 질문 도구 ORID 활용하기

질문과 관련된 여러 도구들이 많이 있지만 가장 강력하게 활용되는 도구는 집중대화기법(The Focused Conversation Method)*입니다. 우리에게는 'ORID'라고 더 잘 알려져 있습니다. 'ORID' 질문은 4단계로 이루어져 있습니다. 먼저 '사실 확인'하고 이를 바탕으로 '감정을 성찰'합니다. 성찰 내용으로 '의미를 해석'하고 앞으로 어떻게 할 것인지('실행 결정')에 대해 순차적으로 질문하는 방법입니다. 이론적을 살펴보면 복잡한 내용 같지만 질문을 들으면 기존에 너무나 당연하게 했던 질문들을 정리해 놓았다는 것을 알 수 있습니다. 매번 워크숍을 준비하면서 늘 새로운 방법과 참신한 도구들을 고민했었습니다. 'ORID'로 질문을 한다면 특별한 도구를 쓰지 않더라도 워크숍을 자연스럽게 퍼실리테이팅 할 수 있겠다는 확신이 들었습니다. '질문이 뭐 다 똑같지'라고 생각할 수도 있겠지만 사고를 기반으로 확장되는 질문은 워크숍에서뿐만 아니라 일상에서도 쉽게 적용할 수 있습니다. 예를 들면 방과 후 집에 온 자녀에게 '오늘 학교에서 어떤 일이 있었니? (O-사실확인)'라고 물어봅니다. '그 때 어떤 기분이었니? (R-감정 성찰)' 그렇다면 '그 일이 너에게 어떤 의미가 있을까? (I-의미해석)' 마지막으로 '그 일이 다시

---

* 'ICA(The Institute of Cultural Affairs)에서 만든 ToP 방법론입니다. 이 책에서 다룬 집중대화기법(FCM) 관련 용어 및 내용은 도서 『ToP퍼실리테이터의 특별한 대화법 _집중대화기법』,ORP Press를 참고했습니다. 우리나라에서는 ORP연구소가 ToP Training Center로 지정되어 있어 FCM을 포함해 ToP 퍼실리테이션 방법에 대해 학습할 수 있습니다.

[그림28. ORID]

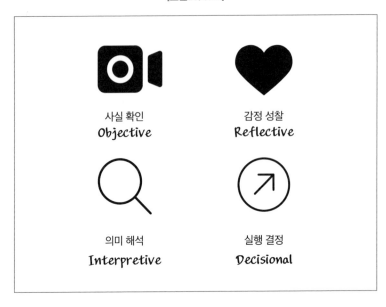

사실 확인
Objective

감정 성찰
Reflective

의미 해석
Interpretive

실행 결정
Decisional

벌어진다면 어떻게 할래? (D-실행결정)'라는 대화로 이어갈 수도 있습니다. 앞의 대화에서 '그 일'을 '워크숍 주제나 해결해야 할 문제'로 변경하면 간단하게 워크숍에 적용할 수 있습니다.

ORID 질문 예시

O : 워크숍 주제와 관련해 알고 있는 사실은 어떤 것인가요?

누가 참석했었나요?

어떤 얘기들을 나눴었나요?

기억에 남는 것은 무엇인가요?

R : 주제를 듣고 떠오르는 이미지는 무엇인가요?

우리 조직에서 가장 즐거웠던 순간은 언제인가요?

퍼실리테이션을 만나다

동네 유휴시설 활용과 관련해 당신의 우려사항은 무엇인가요?

워크숍에 참여하면서 느낀 점은 무엇인가요?

I : 쓰레기 매립시설 유치가 여러분에게 어떤 의미가 있나요?

워크숍을 통해 우리가 배운 것은 무엇인가요?

오늘 회의의 시사점은 무엇인가요?

우리 찾은 문제의 근본 원인은 무엇인가요?

D : 조직 활성화를 위해 무엇을 해야 할까요?

워크숍이 끝나고 나서 우리가 실행해야 할 것은 무엇인가요?

앞으로 어떤 변화가 필요할까요?

우리가 합의한 것은 무엇인가요?

❖ 나. How Might We(HMW)를 활용하기

'How Might We (HMW)'는 1970년대 Procter&Gamble에서 개발한 질문도구 입니다. 해석하면 '어떻게 하면 ~ 할 수 있을까?' 입니다. IDEO사에서 디자인 씽킹 분야에 적용하면서 많이 알려지게 됐고 현재는 다양한 분야에서 사용되고 있습니다.

'How Might We (HMW)'는 아이디어를 찾을 때 많이 사용하는 질문입니다. 질문을 만들 때 고려해야 할 점은 크게 두 가지가 있습니다. 첫째는 대상, 상황, 목적 등이 포함된 하나의 문장으로 만들어야 한다는 점입니다. 두 번째는 질문에 해결책을 포함해 문장을 만들면 안 된다는 것입니다.

질문에 이미 해결책이 나와 있는 경우 참여자들이 제한된 아이디어만 발산 할 수 있다는 한계가 있습니다. 'How Might We (HMW)'로 사용을 할 때는 너무 구체적이거나 추상적이지 않은 질문을 해야 합니다. 그리고 이 질문을 통해 참여자들이 다양한 해결책을 찾을 수 있어야 합니다.

'How Might We (HMW)' 질문을 새로운 관점을 제시하는 의도로 활용하고 싶다면 '리버스 브레인스토밍'처럼 반대로 질문할 수 있습니다. '어떻게 하면 사람들이 워크숍에 잘 참여할 수 있을까?'가 기본 질문이라면 '어떻게 하면 사람들이 워크숍에 참여하지 않을까?'라고 반대로 질문하는 것 입니다. 반대 질문을 통해 폭넓고 창의적인 아이디어가 나올 수 있습니다.

❖ 다. 코칭 대화(GROW) 연습

매년 국제퍼실리테이터협회(IAF)에서 주관하는 컨퍼런스에 가면 전 세계에 다양한 퍼실리테이터들을 만날 수 있습니다. 퍼실리테이터들을 만나 서로의 세션에 참여하기도 하고 대화를 나누면서 생각을 공유하기도 합니다. 지속적인 교류를 하기 위해 페이스북이나 인스타그램 주소를 물어보기도 합니다. 그렇게 세계의 퍼실리테이터들과 알아가면서 퍼실리테이터들의 공통점을 찾게 됐습니다. 본업은 퍼실리테이터이지만 코치 겸업을 많이 한다는 것입니다. 퍼실리테이션과 코칭 모두 질문을 통해 참여자들이 해결책을 찾을 수 있도록 도와준다는 점이 비슷하기 때문인 것 같습니다.

질문에 대한 고민이 깊어질 무렵 동료 퍼실리테이터들과 비슷하게 자연스레 코칭에 관심을 갖게 됐습니다. 코칭을 접하면서 다양한 질문들을 경험 할 수 있었습니다. 코칭은 코칭을 받는 사람이 상황을 알아차리도록 도와주고 해결책을 스스로 찾도록 도와주는 활동입니다. 코칭은 이 모든 과정이 질문으로 이루어져 있습니다. 질문에 대한 학습이 필요했던 저에게 지시나 가르침이 아니라 질문을 통해 스스로 알아차리게 한다는 점이 너무 매력적이었습니다.

코칭에서 많이 쓰이는 대화 모델에는 'GROW 모델'이 있습니다. 'GROW 모델'은 먼저 '목표를 설정'하고 그 목표를 이루기 위한 '현재의 상황'을 파악합니다. 내가 선택할 수 있는 '대안을 탐색'하고 앞으로 무엇을 할지 정하고 '실행 의지를 확인'하는 대화 입니다. 워크숍에서도 오프닝 단계에서 목표에 대해 확인하고 목표를 이루기 위해 우리가 가진 자원들을 확인하는 활동을 하기도 합니다. 자원들을 바탕으로 어떤 일들을 할 수 있을 지 실행 아이디어를 찾는 '대안 탐색'을 합니다. 의사결정을 통해 실행 아이디어를 선정하고 실행을 독려하기 위해 '실행 의지를 확인'하는 단계를 진행하기도 합니다. 'GROW 모델'의 모든 단계가 워크숍에 적용 할 수 있는 질문 연습 방법입니다. 예시 질문들도 많아 다양한 질문을 연습하는데 도움이 될 것입니다.

☑ 'GROW 모델'을 활용한 실행 아이디어 찾기 미니 워크숍

조직 개편으로 새로운 부서들이 생기고 멤버가 구성되면 조직의

[그림29. GROW 모델]

G : GOAL
무엇을 원하는가?

R : REALITY
현재의 상황은 어떠한가?

O : OPTION
가능한 대안은 무엇인가?

W : WILL
무엇을 해야 하는가?

목표 설정을 위한 워크숍을 시행하곤 합니다. 작년 초 2시간의 목표 수립 미니 워크숍을 시행했었습니다. 이 때 'GROW 모델'을 활용한 질문을 만들어 워크숍을 했습니다. 아이스브레이킹을 하고 현재까지 해당 부서가 했던 업무와 성과를 함께 리뷰 했습니다. 이어 질문들을 중심으로 토의하면서 부서 연간 목표와 실행 계획을 세우는 시간을 가졌습니다.

먼저 "우리의 2019년 목표는 무엇인가요?"라는 질문을 통해 부서의 목표(G, Goal)를 세웠습니다. 정량적인 측면과 정성적인 측면을 동시에 고려하고, 성과를 내고 싶은 분야가 있다면 어떤 분야일지도 함께 얘기 나눴습니다. 수립한 목표를 바탕으로 현 상황 R(Reality)을 점검하는 질문을 했습니다. 질문을 통해 알게 된 목표와 현 상황의 갭(차이)을 좁히기 위한 아이디어를 찾는 시간을 가졌습니다. 세 번째로 부서 목표 달성을 위해 할일 O(Option)을 찾는 질문을 했습니다. 새롭게 바꾸거나 기존 대비 시도해야 할 것이 있다면 어떤 것들이 있을지 다양한 아이디어를 뽑고 리스트로 만들었습니다. 추가적으로 검토한 대안들을 실행한다면 어떤 지원이나 리스크가 있을지 검토하는 시간도 가졌습니다. 검토 결과들은 최종 실행안을 선정하는데 참고하도록 했습니다. 마지막으로 실행 아이디어를 선정하고 구체화하는 질문인 W(Will)에 대해 토의했습니다. 1년 목표인 만큼 3개월, 6개월, 1년 단위의 구체적인 실행 계획을 고민하도록 했습니다. 필요하다면 특정 실행 아이템에 대해 보다 세부적으로 계획을 세우는 시간을 가졌습니다.

[그림30. GROW 모델 활용 워크숍]

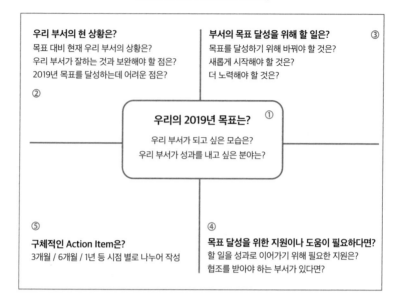

짧은 시간 동안 목표 수립부터 시작해 현황, 문제점을 진단하고 대안을 찾아 실행으로 이어지는 결과물을 만드는 워크숍을 해야 하는 경우가 있습니다. 이 때, 'GROW 모델'을 참고한다면 도움이 될 것 입니다.

✛ 라. 질문 멘토 만들기

앞서 소개한 교육이나 코칭 질문 모델이 이론적으로 질문에 대한 역량을 키우는 방법이었습니다. 이번에는 질문을 통해 성장하고 배울 수 있는 방법인 '질문 멘토 만들기'를 추천 합니다. 질문 멘토를 선정하는 기준은 여러 가지가 있겠지만 저의 경우에는 '지속적이고 꾸준하게 질문으로 자극을 받을 수 있는 분'으로 선정했습니다. 여기에 주기적인 교류가 있다면 더 좋은 멘토일 것입니다.

질문을 통해 끊임없는 자극과 영감을 주는 제 질문 멘토는 '질문 예술학교*의 박영준 소장님' 입니다. 질문 관련 고민을 하던 몇 해 전 주변에 많은 퍼실리테이터와 강사님들로부터 소개 받아 '우리 안의 어른 됨을 일깨우는 영웅의 여정'이라는 워크숍에 참여하게 됐습니다. 조지프 캠벨의 '신화의 인생'이라는 책을 기반으로 재구성된 워크숍으로 모든 내용들이 질문으로 구성되어 있습니다. 영웅의 여정에 따라 단계별 질문을 바탕으로 각자의 경험들을 공유하고 필요한 질문들을 만들면서 함께 얘기 나누는 시간이었습니다. 질문에 대한 니즈가 큰 상태에서 참여했던 워크숍이라 다양한 질문을 경험하고 싶은 니즈가 컸었습니다. 워크숍 내내 같은 영웅의 여정을 보더라도 다른 질문들을 만드는 참여자들과 생각을 공유하고 질문을 나눌 수 있어 너무 좋았습니다.

워크숍뿐만 아니라 『혁신가의 질문』이라는 책을 통해서 질문에 대한 영감을 받기도 했습니다. 어떤 질문이 좋은 질문인지 그리고 좋은 질문을 어떻게 만들지 생각해 볼 수 있었습니다. 북 퍼실리테이션을 활용해 스터디를 하면서 사람들과 질문에 대한 생각들을 나누고 성찰해보기도 했습니다.

워크숍 퍼실리테이터로서 보다 나은 퍼실리테이터가 되기 위해 잊지 않고 해야 할 것이 성찰하고 회고하는 것입니다. 질문에 대해

---

* https://www.facebook.com/groups/Qartschool/

강의하고 워크숍을 하는 분들이 많이 있지만, 박영준 소장님 질문에는 회고나 성찰과 관련된 질문들이 많이 있습니다. 워크숍이 끝나고 회고할 때 큰 도움을 받고 있습니다.

일상 속에서 질문이 궁금하다면 매년 열리는 'Design 워크숍'에 참여하는 것을 추천합니다. 개인적으로 한 해의 목표 수립부터 회고, 성찰을 아우르는 질문을 통해 한 해를 디자인하는 시간이 좋았습니다. 질문을 통해 생각을 촉진 받아 기존에 했었던 고민도 새롭게 생각해볼 수 있는 계기가 될 것입니다.

Design 워크숍 질문 예시*

지난 한 해 삶을 풍요롭게 한 경험은 무엇인가요?

지금 잘하고 있거나 자라고 있는 것은 무엇인가요?

의미 있던 성공, 설레는 만남, 배움의 순간, 뿌듯했던 경험은?

혁신가의 질문 예시**

오늘의 나를 만들어온 질문은 무엇인가?

나의 질문에는 상대방에 대한 사랑이 담겨 있는가?

나의 어떤 질문이 상대방을 지혜롭게 하는가?

'얼마나'라는 질문을 통해 진정으로 측정해야 할 것은 무엇인가?

---

*   박영준 소장님의 'Design 2020' 워크숍 자료에서 발췌
** 「혁신가의 질문」, 박영준, 북샵일공칠

                                                퍼실리테이션을 만나다

❖ 마. 나만의 핵심질문 만들기

　워크숍 퍼실리테이션을 하면서 각자가 선호하는 방법이나 도구들이 있을 것입니다. '퍼실리테이터의 가방'이라고 해서 자주 쓰는 도구와 비품들을 캐리어에 따로 담아두기도 합니다. '퍼실리테이터 가방' 처럼 '자주 쓰는 질문 list'를 만들어 필요할 때마다 꺼내 활용한다면 워크숍은 더 풍성해 질 것입니다.

　첫 번째는 '다른 상황이나 사물에 이입해 새로운 시각을 제공하는 질문'을 많이 합니다. 질문을 통해 기존에 주제에 대한 주관적 생각으로 보지 못했던 관점을 제시하기도 합니다. 또 새로운 인사이트를 주기도 합니다.

　두 번째는 역장분석* 처럼 '사안의 양면성을 바라볼 수 있는 질문'을 합니다. 현황을 파악하거나 실행아이디어를 찾을 때 특정 이해에 얽매이지 않고 넓은 시각에서 바라볼 수 있어 자주 사용합니다. 한 쪽으로 치우치는 것이 아니라 균형적인 결과물들을 만들어내는 데 효과적인 방법입니다.

　세 번째는 '구체적인 결과물을 만들 수 있는 질문'을 합니다. 참여자들이 생각하는 구체화에 대한 정도가 모두 다르기 때문에 정량적인 사안이나 고유명사 등을 활용해 누가 봐도 이해할 수 있는 구체적인 질문을 합니다. 질문에 대한 예시는 아래의 내용을 참고하

---

*　어떤 상황이나 운영에는 이를 이끌어 가는 힘과 이에 반대하는 힘을 분석하는 방법

기 바랍니다.

(새로운 관점 제시하는 질문)

A사에서 B사의 사업을 인수한다면 어떻게 운영할까?

B사에서 한번도 해보지 않은 사업인 C사업을 한다면 어떻게 운영할까?

유튜버가 중학교 선생님을 한다면 어떻게 할까?

(다각도로 살펴볼 수 있는 질문)

구매부서에서 구매를 통해 C의 사업을 지원한다면 C의 구매부서에게 어떤 것을 해줄 수 있을까?

찬성하는 사람이 있다면 어떤 사람들이 왜 찬성할까?

그리고 반대하는 사람이 있다면 어떤 사람들이 왜 반대할까?

(구체적인 결과물을 만들 수 있는 질문)

이 아이디어를 실행하는 사람이라면 어떤 부분이 궁금할까요?

이 아이디어를 처음 본 사람이 봐도 이해할 수 있게 하려면 어떤 부분을 구체화해야 할까?

워크숍에서 발생 가능한
이슈 관리하기

워크숍 퍼실리테이션을 하다 보면 생각지 못한 다양한 이슈들을 만나게 됩니다. '예상치 못한 이슈를 어떻게 대응할 것인가'가 많은 워크숍 퍼실리테이터의 고민이자 숙제입니다. 워크숍 당일 시간을 갑자기 변경하거나 아주 가끔은 주제를 바꿔달라는 경우도 있습니다. 드문 경우이지만 이 경우 잠시 쉬는 시간을 갖고 전체 설계를 변경해서 퍼실리테이팅 할 수 있습니다. 이런 소수의 경우를 제외한 워크숍에서 발생하는 대다수 변수는 참여자들과 연관되어 있습니다. 워크숍 퍼실리테이션이 잘 되려면 여러 요소가 있겠지만 가장 중요한 것은 적극적인 참여입니다. 먼저 참여자들은 워크숍 주제와 합의된 Key Question(중심 질문) 잘 알고 있어야 합니다. 그 내용을 바탕으로 결과물을 만드는 활발한 토의를 진행합니다. 토의 결과물이 나오고 합의까지 원활하게 이루어진다면 정말 듣기만 해도 이상적인 사례가 될 것 입니다. 이상적인 사례와 달리 일부 워크숍에서는 참여자들이 주제를 모르거나 Key Question(중심 질문)에 대한 합의가 이루어지지 않은 채 워크숍이 진행되는 경우도 있습니다. 이 경우 계획된 프로세스대로 예상된 결과물을 도출하기 어려울 수도 있습니다.

이번 장에서는 워크숍에서 발생할 수 있는 참여자와 관련된 이슈에 대해 다뤘습니다. 다음 사례들을 통해 구체적으로 워크숍에서 어떤 상황에서 어떻게 극복할 수 있었는지 참고한다면 참여자 관련 워크숍 이슈를 사전에 준비할 수 있을 것입니다.

가. 워크숍 참여자가 말을 하지 않는 '침묵의 워크숍'
나. 특정 참여자가 너무 말을 많이 하는 '내가 제일 잘 나가'
다. 서로 본인들의 얘기만 하는 '내 얘기 좀 들어봐 워크숍'

✛ 가. 워크숍 참여자가 말을 하지 않는 '침묵의 워크숍'

아이스브레이킹을 재미있게 하고 워크숍에서 지켜야 할 약속인 그라운드 룰도 만들면서 즐거운 분위기로 워크숍을 시작했습니다. 그런데 아이디어 발산을 시작하자 참여자들이 생각들을 말하지 않고 서로 눈치만 보고 있습니다. 이런 경우 어떻게 하면 좋을까요?

워크숍 참여자가 말을 하지 않는 대다수 경우는 참여자가 아직 말할 준비가 안됐을 때 입니다. 준비가 안됐다는 뜻은 워크숍 주제에 대한 내용이 숙지가 되지 않았거나, 정말 할 얘기가 없다는 것입니다. 이 경우 참여자들은 얘기가 하고 싶어도 본인의 발언이 주제를 어긋난 것은 아닌지, 이 내용을 얘기해도 될지 고민하게 됩니다. 이런 상황을 예방하기 위해 퍼실리테이터는 워크숍 시작단계에서 명확하게 워크숍 주제에 대해 설명할 필요가 있습니다. 그리고 어떤 얘기라도 자유롭게 할 수 있는 '안전한 환경'을 조성해야 합니다. '안전한 환경'의 여러 의미가 있겠지만 워크숍 퍼실리테이션에서 말하는 '안전한 환경'은 물리적 환경뿐만 아니라 참여자가 느끼는 심리적 환경을 포함합니다. '안전한 환경'은 참여자가 하고 싶은 말을 누구의 눈치를 보거나 어려워하는 것이 아니라 편하게 발언할 수 있는 환경을 얘기합니다. 참여자에게 편안한 발언 환경을 조성하기 위해 일부 워크숍에서 관리자나 의사결정권자를 워크숍 처음에만 참여하도록 합니다. 관리자나 의사결정권자가 초두 발언을 하고 워크숍에 참여하지 않도록 하거나 별도로 분리해 워크숍을 하도록 설계할 수도 있습니다.

☑ 워크숍 참여자가 안전한 환경이라고 느끼게 한 F학교 워크숍

F학교 자치회 학생들을 대상으로 워크숍을 했었습니다. 해당 워크숍은 학생 자치 활성화의 일환으로 퍼실리테이션을 학교에 도입하기 위해서 였습니다. 이번 워크숍은 기존에 시행했던 금연 교육을 대신해 시행되는 워크숍이었습니다. 금연 워크숍을 통해 학생들이 실천할 수 있는 '금연 프로젝트'를 만들고 구체적인 실행 아이디어를 도출하는 것이 목적이었습니다. 워크숍은 총 2차에 걸쳐 진행됐습니다.

1차 워크숍 당일 3시간 전에 워크숍 장소에 미리 도착했습니다. 메인 퍼실리테이터 주도하에 워크숍 준비를 했습니다. 워크숍 시작 시간이 가까워오니 학생들이 하나 둘 도착했습니다. 학생들은 들어오면서 인사와 더불어 다음의 얘기를 했습니다.

> "선생님, 저 담배 안 펴요!"
> "선생님 얘도 안 펴요!"
> "그런데 제가 왜 와야 되요?"

1차 워크숍의 주요 내용은 흡연에 대한 생각들을 이미지로 표현하고 금연에 대한 아이디어를 도출하는 것이었습니다. 워크숍은 설계한 프로세스 대로 진행됐습니다.

1차 워크숍이 끝나고 퍼실리테이터 분들과 리뷰 회의를 했습니다. 2차 워크숍 준비를 위해 테이블 퍼실리테이터 분들께 "학생들이 어떤 얘기를 가장 많이 했나요?"라고 여쭤 봤습니다. 그러자 위에 언급한 것처럼 많은 학생들이 묻지도 않았는데 "저 담배 안 펴요, 근데 여기 제가 왜 와야 되요? 담배 안펴서 저는 잘 몰라요"라는 공통된 얘기를 했다는 것이었습니다. 저는 뭔가 망치로 한대 맞은 느낌이었습니다. 참여자들의 말을 통해 편안하게 말할 수 있는 '안전한 환경'을 조성하지 못했다는 생각이 들었습니다. 학생들 스스로 '이번 워크숍에서 좋은 의견을 내거나 적극적으로 참여하면 혹시 내가 담배 핀다고 생각하면 어떻게 하지?' 혹은 '담배 피는 것을 들키면 어떻하지?'라는 생각들을 하면서 워크숍에 참여 했겠구나! 하는 생각이 들었습니다. 당연히 '금연'에 대한 아이디어들도 자유롭게 발산하지 못했을 것입니다. 경험을 바탕으로 2차 워크숍을 준비하면서 가장 신경 쓴 부분은 학생들이 편하게 말할 수 있는 환경을 마련하는 것이었습니다. 더불어 본인(자치회 학생)이 워크숍에 꼭 와야 하는 참여자라는 생각이 들 수 있도록 하는 것이었습니다. 위의 생각들을 바탕으로 오프닝 시 활용할 PPT 장표를 준비했습니다. 사전 미팅 시 테이블 퍼실리테이터에게도 이 내용을 설명해 학생들이 질문하거나 1차 워크숍과 같은 얘기를 할 경우 어떻게 대응할 지 미리 협의했습니다.

1차 워크숍 때 만났던 많은 자치회 학생들이 다시 참여했고 반갑게 인사하면서 워크숍을 시작했습니다. 2차 워크숍 때도 역시나 워크숍 장소로 들어오면서 "선생님 저 담배 안 펴요!"라고 얘기를 하는 친구들이 있었습니다. 워크숍을 시작하면서 자료를 띄워 학생들에게 설명했고 거듭 강조했습니다. 자치회 학생들이 다른 학생들보다 친구들이 많으니 주변에 흡연하는 친구, 금연할 때 힘들어하는 친구들의 얘기나 생각을 대표해서 말해주면 좋겠다고 말했습니다. 또 워크숍 결과물이 잘 실행되려면 여기 있는 자치회 학생들이 주도적으로 참여해야 할 텐데 해보고 싶은 아이디어를 적극적으로 내면 좋겠다고 덧붙였습니다. 워크숍이 끝날 무렵 학생들이 주도적으로 참여할 프로젝트가 6개 나왔고, 학생들도 학교 관계자 분도 학생들이 적극적으로 참여해 너무 좋았다며 감사하다고 하셨습니다.

F학교 워크숍 주제는 학생들이 민감해하는 '흡연'이었습니다. 주제의 성격상 학생들이 안전하게 말할 수 있는 환경을 조성하는 것이 무엇보다 중요했습니다. 1차 워크숍의 분위기와 피드백 시 나왔던 내용들을 고려해 워크숍 오프닝 단계에 활용했습니다. 워크숍 참여자가 안전한 환경이라고 느껴 편하게 얘기할 수 있도록 환경을 조성하는 것만큼 중요한 것이 없기 때문입니다. 안전한 환경 조성이 중요한 워크숍이라면 사전 인터뷰에서 나온 참여자들의 발언 또는 주제의 민감도를 고려해 F학교 사례처럼 워크숍 서두에 언급해 적용해보기 바랍니다. 참여자도 퍼실리테이터도 한결 편안한 분위기에서 워크숍에 참여 하실 수 있을 것입니다.

[그림31. F학교 1차 워크숍 리뷰 시 실제로 활용했던 PPT 장표]

* 1차 워크숍 리뷰_가장 많이 받았던 질문, 의견

  저 담배 안 펴요

  알고 있어요, 자치회는 친구들도 많이 알고
  보다 적극적일거라 생각해서 이 자리에 온 거에요 :)

* 이거 왜 해요?

  학생 자치 측면에서 주제에 대해 다양한 얘기를 하고
  실행할 수 있는 얘기들을 해보면 좋을 것 같아서요

✛ 나. 특정 참여자가 너무 말을 많이 하는 '내가 제일 잘 나가'

이번 사례는 참여자들이 말을 너무 많이 하는 경우입니다. 여기에서 말을 많이 한다는 의미는 특정 참여자가 발언을 독점하거나, 중복되는 발언을 많이 하는 경우를 얘기합니다. 참여자들이 말을 많이 할 경우 적극적인 참여로 보여질 수 있습니다. 주제와 연관되지 않는 얘기들은 때론 자극을 줄 수 있지만 경우에 따라 워크숍의 분위기를 흐리거나 방해하는 요소가 될 수도 있습니다.

1. 특정인이 발언을 독점하는 경우

발언 내용이 주제와 연관되어 있는지 확인합니다. 주제와 연관된 내용일 경우, 원하는 발언을 위해 어느 정도의 시간이 필요한지 물어봅니다. 참여자들의 양해를 구해 별도의 발언 기회를 줄 수도 있습니다. 이를 통해 참여자는 본인이 존중 받았다는 느낄 수 있습니다. 더불어 공개적으로 본인이 요구한 발언 시간을 부여 받았기 때문에 이후 워크숍에서는 이전보다는 다른 사람의 발언을 방해하지 않을 수 있습니다.

2. 중복되는 발언이 많은 경우

그룹별 모래시계를 활용 할 수 있습니다. 참여자들은 주제와 관련해 하고 싶은 말을 먼저 종이에 적습니다. 종이의 내용에 따라 최대 3분의 발언 기회를 주고 그 시간 동안 적은 내용을 발표합니다. 이 때 1분 또는 3분을 측정할 수 있는 모래시계를 준비한다면 효과적으로 발언 시간을 제한할 수 있습니다.

『Game Storming 게임스토밍』*이라는 책에 보면 '이야기 동전_ Talking Chip'이라는 활동이 나옵니다.

Talking Chip

토의를 시작하기 전에 참여자들이 동전을 하나씩 가져갑니다. 참여자들이 돌아가면서 얘기를 합니다. 이 때 본인이 가지고 있는 동전을 가운데에 놓습니다.

---

* '잠자는 조직의 창의성을 깨우는 87가지 회의 전략'이라는 부제의 책으로 데이브 그레이, 서니 브라운, 제임스 메카누포 지음, 한빛미디어

모든 사람이 동전을 가운데에 놓으면(모두가 돌아가면서 발언을 하면) 본인의 동전을 가져가면서 발언을 합니다. 이 과정을 반복합니다

☑ 'Easy Facilitation 스터디'[*]에 적용한 'Talking Chip' 실습 사례

'Talking Chip'을 변형한 '3만원 Talk'을 스터디원들과 실습했습니다. '3달러 Talk'를 계획했지만 달러를 당장 구하기가 어려워 다른 워크숍에서 활용했던 '모형돈'을 활용해 '3만원 Talk'으로 변경해서 진행했습니다. 먼저 참여자 모두 3만원과 총 3번의 발언 기회를 갖게 됩니다. 주제에 대해 본인의 아이디어를 설명합니다. 발언 할 때마다 만원씩 가운데에 놓습니다. 참여자들이 돌아가면서 얘기를 합니다. 모든 사람의 발언이 끝나게 되면 총 15만원(5명 참석 기준)이 가운데 모입니다. 이

때, 본인이 낸 3만원을 가장 좋은 아이디어를 낸 사람에게 나누어 주고 그 이유를 설명합니다. 가장 많은 돈을 받는 사람이 우수 아이디어로 선정됩니다. 이 활동의 본래 취지는 고른 발언기회를 부

[*] 2018년 3월부터 대구에서 운영하는 오프라인 퍼실리테이션 스터디

여하는 것입니다. 스터디원들과 협의를 통해 원래의 방법에서 한발 더 나아가 아이디어 선정으로 이어지는 활동으로 변형 해 진행했습니다. 모든 사람이 마지막에 아이디어에 투자를 하고 그 이유를 설명 해야 하니 끝까지 집중력을 잃지 않고 참여할 수 있었습니다. 코인이나 모형 돈을 활용한다면 보다 재미와 워크숍에 대한 신선도를 높일 수 있을 것입니다. 물리적으로 사물이 이동하기 때문에 보이지 않은 시간을 구두로 발언 기회를 조율하는 것 보다는 효과적인 방법입니다.

✣ 다. 서로 본인들의 얘기만 하는 '내 얘기 좀 들어봐 워크숍'

워크숍을 하다 보면 참여자들이 서로 본인의 의견을 강하게 얘기하는 경우가 있습니다. 의견 개진을 위한 적극적인 참여와 생각을 표현하는 것은 좋지만 민감한 사안이 있을 경우 다른 참여자들과 소통이 되지 않는 상황이 발생하기도 합니다. 특히, 갈등되는 사안이 있을 경우는 워크숍 초반부터 다른 참여자의 얘기를 듣지 않기도 합니다. 아이디어를 찾을 때도 서로의 목소리만 내면서 '내 얘기 좀 들어달라'고 합니다.

워크숍의 결과물이 특정 소속과 연관되어 있는 경우에도 각 소속을 대변해 각자의 얘기만 하기도 합니다. 워크숍 결과물을 실행하기 위한 구체화 단계를 거치면서 참여자들은 자연스레 본인 부서나 소속의 이해 관계에 기반해 얘기를 합니다. 이익이 되거나 기대

효과가 큰 아이디어들을 실행하려고 하거나 협업을 해야 하는 일은 다른 부서로 미루기도 합니다.

서로 본인들 입장에서만 얘기하는 경우 어떻게 하는 것이 좋을까요?

첫 번째 방법은 Role-Play(역할극)를 통해 상대방의 얘기를 경청하도록 하는 것 입니다. A주제에 찬성하는 사람을 B, 반대하는 사람을 C라고 예를 들어보겠습니다. 본인의 생각과 반대로 생각하고 말하도록 역할을 부여합니다. (B에게는 C의 생각을, C에게는 B의 생각을 말하도록 합니다.) 주제에 대해 극단적으로 반대하거나 찬성하는 참여자는 중재자 역할을 부여합니다. 그 외 사람들에게는 관찰하는 역할을 두어 잠시 생각을 정리하도록 합니다. 모든 관찰자는 B와 C의 입장에서 어떤 발언을 했는지 간단하게 정리하도록 합니다. 관찰 내용을 정리할 때는 요점과 근거를 중심으로 작성하도록 합니다. 15분 내외로 진행하고 끝나고 나면 참여자들에게 소감을 듣는 시간을 갖습니다. 서로의 생각은 다르지만 주제에 대해 어떻게 생

[그림 32. Role-Play 관찰자 내용 정리지 예시]

관찰자 :			
발언 내용 요약		근거	- - -
발언 내용 요약		근거	- - -
발언 내용 요약		근거	- - -

각하는 지 상대방의 입장에서 생각해 볼 수 있는 좋은 활동이 될 것입니다.

만약 Role-Play(역할극)을 하기 어려운 상황이라면 에드워드 드 보노(Edward de Bono)가 고안한 Six Thinking Hat(여섯 색깔 모자)[*]을 통해 다른 입장에서 생각해 볼 수 있습니다.

아이디어 구체화 단계에서 실행 아이템을 얘기할 때 실질적 이해관계가 대립하면 워크숍 진행이 어려울 정도의 극단적인 상황에 이를 수도 있습니다. 이 단계에서 제가 접근하는 방식은 'Give&Take(기브 앤 테이크)'입니다. 예를 들어 '신제품 매출 향상을 위한 프로모션 시행'이라는 아이디어가 나왔습니다. 신제품을 출시하는 부서가 A라면 A에서 이 아이디어를 주도적으로 실행할 것입니다. 협업하는 부서가 있다면 해당 부서의 역할도 있을 것입니다. 아이디어가 성공적으로 실행하고 매출이라는 성과로까지 이어지기 위해서는 A부서와 현업 부서와의 협업이 정말 중요할 것입니다. A부서에서 협업 부서에 해주는 것 없이 협조만 구한다면 과연 협업 부서에서 내 일처럼 도와줄까요? 이 때, A부서에서는 협업 부서에 어떤 가치를 줄 수 있는지를 고민해야 합니다. 예를 들면 매출을 협업 부서 기여도에 따라 배분하는 아이디어를 생각해볼 수 있을 것입니다. A부서에서 제시한 가치가 매력적일 경우 협업부서는 내 일처럼 프로모션 성공을 위해 적극적으로 협조할 것 입니다.

---

[*] 하얀(중립적), 빨강(감정적), 검정(부정적), 노랑(낙관적), 초록(창의적), 파랑(이성적)의 여섯 가지 색깔의 모자를 차례대로 바꾸어 쓰면서 모자 색깔이 뜻하는 유형대로 생각해보는 방법

퍼실리테이션을 만나다

[그림33. 협력 매트릭스]

TO 받는 사람 →						
주기	담당자1	담당자2	담당자3	담당자4	담당자5	담당자6
담당자1	담당업무					
담당자2		담당업무				
담당자3			담당업무			
담당자4				담당업무		
담당자5					담당업무	
담당자6						담당업무

아이디어의 성공적인 실행도 'Give & Take (기브 앤 테이크)'가 이루어 져야 한다는 것 입니다.

'Give & Take (기브 앤 테이크)'를 보다 효과적으로 활용할 수 있는 도구로는 '협력 매트릭스[*]'가 있습니다. '협력 매트릭스'는 사람들 사이에서 업무의 가치가 어떻게 이동하는 지를 파악하는 도구입니다. 아이디어와 관련된 사람이나 부서의 명단을 작성한 후에 가로축과 세로축에 이름을 적습니다. 가로줄과 세로줄이 만나는 부분은 담당자 본인의 업무입니다. 가로 세로가 교차하는 칸에 어떤 업무와 가치들이 이동하는지를 작성하면 됩니다. 빈 칸이 있다면

---

[*] 「Game Storming 게임스토밍」, 데이브 그레이, 서니 브라운, 제임스 메카누포 지음, 한빛미디어, p/246.

어떤 업무와 가치를 주고 받으면 좋을지 함께 토의하면서 해당 칸을 작성합니다. '협력 매트릭스'의 좋은 점은 담당자가 실명화되어 아이디어(업무)에 책임감을 갖고 실행할 수 있다는 것입니다. 업무가 한 쪽으로 치우치지 않도록 분배하는 효과도 있습니다.

아이디어,
어떻게 결정하나요?

3년 가까이 고객 인사이트를 도출하고 아이디어를 발굴하는 프로젝트를 수행하는 일을 했었습니다. 당시 고객 인사이트를 얻기 위해 먼저 인터뷰를 하고 그 내용을 기반으로 고객의 숨은 니즈를 찾았습니다. 니즈를 정제해서 인사이트를 찾았고 이 과정을 반복했습니다. 고객 니즈 파악을 위해 많이 쓰는 간단한 설문도 있는데 왜 인터뷰를 했을까요? 누군가는 설문이 계량화하기도 쉽고 보다 짧은 시간에 적은 비용으로 고객의 생각을 파악할 수 있다고 말합니다. 그러나 설문의 가장 큰 맹점은 설문의 항목을 질문자가 만든다는 것입니다. 예를 들면 설문 문항을 다음과 같이 만든다고 가정 해 보겠습니다.

> 다음 중 '여름'하면 떠오르는 색은 무엇인가요?
>
> ① 파랑 ② 초록 ③ 빨강 ④ 노랑

설문을 받은 사람이 질문에 대한 답을 하려고 보기를 읽습니다. 답변하고 싶은 '보라색'이 없다면 어떻게 해야 할까요? 파랑과 노랑을 똑같이 좋아하는 사람이라면 몇 번에 답변을 해야 할까요? 아마도 가장 앞에 있는 '파란색'을 고르거나 ①~④번 중 아무 번호나 임의로 대답할 것입니다. 설문 결과를 받은 사람은 임의의 답변으로 이루어진 설문결과를 바탕으로 계량화를 해서 고객 리서치 결과 자료로 활용할 것 입니다. 그렇다면 과연 이 자료가 고객의 생각을 반영했다고 할 수 있을까요? 아니라고 생각합니다. 물론 매번 인터뷰를 통해 고객의 니즈를 찾으면 좋겠지만 현실적으로 시간과 비용을 고려한다면 쉽지만은 않은 일입니다. 인터뷰가 더 정확한 고객 니즈를 파악할 수 있음에도 1,2를 선택 해야 하는 설문조사를 해야 하는 상황들이 더 많이 있습니다. 워크숍 퍼실리테이션에서도 인터뷰를 통해 인사이트를 얻는 프로세스를 해야 하지만 설문조사처럼 정해진 한 개의 답을 선택해야 하는 경우가 종종 발생합니다.

워크숍 퍼실리테이션에서 궁극적으로 지향하는 바는 만장일치를 통한 의사결정입니다. 현실적으로 워크숍의 한정된 자원(시간, 비용 등)을 고려하면 쉽지 않습니다. O지역 원탁회의에 참여한 경험이 있습니다. 제한된 시간 안에 의사결정을 해야 했는지 여러 개 아이디어에서 한 개의 아이디어만 선택하고 가장 많은 표를 받은 아이디어를 최종 아이디어로 선정하는 것을 경험했습니다. 차선의 아이디어에 대한 투표나 똑같이 선택하고 싶은 아이디어에 대한 투표권은 생략하고 다음으로 단계로 넘어갔습니다. Q워크숍에서도 의사결정 단계에서 왜 이 아이디어를 선택했는지 설명을 하거나, 다른 사람들이 선정한 아이디어에 대해 들어보는 시간을 갖지 않는 경험을 하기도 했습니다. 그 외에도 충분한 시간이 있더라도 투표권자가 아이디어에 직접 이해관계자가 되는 경우, 아이디어 자체보다는 관계나 이익을 기반으로 투표를 하기도 합니다. 특히 조직 내에서 아이디어 투표를 할 경우 이런 사례가 많습니다. 1번의 아이디어가 채택 될 경우 내가 1번의 아이디어를 실행해야 하는 주체가 되어야 한다면 그 참여자는 1번이 아닌 2번의 아이디어를 선택할 확률이 높습니다. 우스갯소리로 '아이디어를 내면, 그럼 너가 해!"가 되기 때문에 아이디어를 내지 않는 다는 것처럼 말입니다.

어떻게 하면 이런 투표의 맹점을 줄일 수 있을까요?

일반적으로 많이 쓰는 방법은 '다중투표(Multi Voting)'와 '최종 대안투표(Green Dot Voting)' 입니다. '다중투표'는 많은 아이디어의 중 범위를 축소하는데 활용하는 방법입니다. 한 개의 아이디어를 투표하는 것이 아니라 아이디어에 우선순위 또는 가중치를 두어 차등해 투표하는 방식입니다. '다중 투표'는 멀티 보팅(Multi-Voting)이라고도 불립니다. 여기에서 중요한 것은 전체 대안의 1/3 만큼의 투표 권한을 주는 것입니다. 투표 결과를 취합해 상위 1/3

을 그 다음 단계에서 숙고
할 대상으로 선정*합니다.
하나의 아이디어에 몰아서
투표를 하는 것을 예방할
수 있고, 2순위의 아이디어
에도 투표를 할 수 있습니
다. 단독 투표를 하는 것보
다는 효과적으로 아이디어

를 선정할 수 있습니다. '최종 대안 투표'는 참가자들에게 투표 항
목 수보다 1.5배 많은 수의 투표권을 부여해서 최종 투표하는 의사
결정 방식입니다. 두 방식 모두 간단하게 스티커 등을 활용해 의사
결정 할 수 있어 워크숍 퍼실리테이터들이 많이 선호하는 방법입니
다.

　　제가 참관한 I학교 워크숍에서도 '다중 투표'를 활용했었습니다.
투표의 공정성을 위해 본인 그룹 외에 다른 그룹의 아이디어에 투
표하도록 퍼실리테이팅을 했습니다. 그런데 학생들 중 일부가 본
인 그룹의 아이디어에 투표를 하는 것이었습니다. 이를 본 학생들
도 앞 그룹의 학생들처럼 본인 그룹에 투표를 하기 시작했습니다.
그 결과 아이디어가 선정되었지만, 그 절차와 결과에 대해서 학생
들이 이의를 제기하고 인정할 수 없다는 반응을 보였습니다. I학교

* 「소통을 디자인하는 리더 퍼실리테이터」, 채홍미, 주현희 지음, p/120

　　　　　　　　　　　　퍼실리테이션을 만나다

워크숍 참관을 통해 어떻게 하면 공정하게 투표를 하고 결과에 대해 수긍할 수 있을 지 고민하게 됐습니다. 그리고 학생들이 보다 재미있고 책임감 있게 투표하려면 어떻게 하면 좋을지 생각했습니다. T 학교 워크숍에서 이를 반영해 퍼실리테이션 했습니다.

☑ 다중 투표 사례, T학교 워크숍

J학교 워크숍은 아이디어 구체화를 통해 결과물로 '대표 아이디어' 한 가지를 선정하는 것입니다. 프로세스에 따라 아이디어 발산 후 그룹별 구체화할 아이디어를 선정했습니다. 구체화 양식에 따라 그룹별 토의를 하면서 아이디어 구체화 시간을 가졌습니다. 구체화 결과물을 바탕으로 의사결정 단계를 진행했습니다. 지난 I학교 참관 사례를 참고해 다음과 같은 순서로 진행했습니다.

먼저, 아이디어에 대한 이해를 돕고자 각 조의 구체화된 결과물을 공유하는 시간을 가졌습니다. 아이디어 투표는 고등학교 학생들에게 인기가 많은 프로그램인 Mnet의 "Show Me The Money (쇼미더머니)"와 연계해 설계했습니다. '쇼미더머니'는 힙합을 컨셉으로 한 오디션 프로그램입니다. 프로듀서들이 함께 랩 대결(배틀)을 할 래퍼를 선발하고 치열한 대결을 통해 우승 상금의 주인공을 선발합니다. 우승하려면 랩을 잘하는 실력 있는 래퍼와 이 래퍼를 알아봐주는 프로듀서 그리고 프로듀싱 능력이 필요합니다. 이 내용들을 간단한 배틀(대결) 영상을 보여주면서 설명했습니다. 익숙한 노래가 나와서 그런지 워크숍에 대한 관심을 높일 수 있었습니다. 맨 앞에 앉은 학생은 "갑자기 왠 쇼미더머니?" 이러더니 노래를 흥얼 흥얼 따라 불렀고 다른 학생들도 이어서 따라 부르기 시작했습니다. 영상 시청을 마친 후 다음과 같이 설명했습니다.

"지금부터 여러분은 쇼미*의 프로듀서처럼 각자 마음에 드는 아이디어를 선정할 겁니다. 쇼미에서 돈으로 래퍼에 투자하는 것처럼 우리도 한 사람당 총 3개의 코인(초코렛)을 줄 겁니다. 이 코인으로 우리 조를 제외하고 2개 조에 투표 할 수 있습니다. 가장 마음에 드는 다른 조 아이디어에 2개, 그리고 차순위 아이디어에 1개를 투표하면 됩니다. 투표를 하기 전 코인에 네임펜으로 본인 이름을 적겠습니다. 이름을 적는 이유는 공정한 투표를 하기 위함입니다. 우수 아이디어가 선정되면 쇼미에서 말하는 '우승 프로듀서' 영광처럼 우수 아이디어에 투표한 사람 중 추첨을 통해 선물을 줄 예정입니다. 그런데 만약, 본인 조의 아이디어에 투표했다가, 우수 아이디어로 본인 조가 선정되고, 또 본인 이름이 나오면... 음... 참 민망하겠죠? 다들 안목 있는 아이디어 프로듀서가 돼 주길 바랍니다. 질문 있으신가요?"

학생들은 재미있겠다고 말하며 코인에 각자 이름을 썼습니다. 이어서 투표를 진행했습니다. 투표 종료 후 가장 많은 코인을 받은

---

* 쇼미더머니(Show me the money)라는 힙합 오디션 프로그램의 줄임말로 "쇼미"라고 많이 부름

[그림34. T학교의 워크숍 PPT 장표]

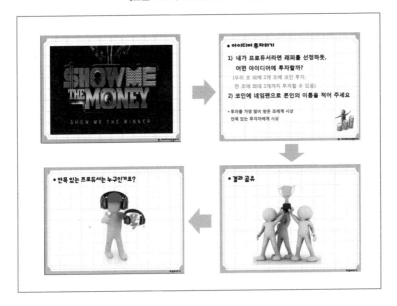

조의 아이디어가 우수 아이디어로 선정되었음을 알렸습니다. 학교에서 미리 준비해주신 "문화 상품권"을 우수 조에게 선물했습니다. 우수 조에 투표한 안목 있는 프로듀서를 찾기 위해 우수조의 투표 주머니에서 코인을 추첨했습니다. 먼저 2명을 뽑아 추가로 준비된 "문화상품권"을 시상했고 어떤 안목으로 아이디어를 선정했는지 소감도 들었습니다. 그리고 예정에 없었지만, 사전에 준비한 코인(초코렛)이 많이 남아 이를 두 개의 통에 담고 추가 추첨을 진행했습니다. 학생들이 선물로 주면 가장 좋아한다는 문화상품권은 아니었지만 뜻밖의 선물이어서 그런지 선물 받은 학생들을 좋아했습니다. 선물을 못 받은 학생들도 각 조에서 득표한 코인 초코렛을 나눠 먹으면서 달달하게 마무리 했습니다.

T학교 워크숍에서 아이디어 투표를 다중 투표 방식으로 진행했다면 I학교 워크숍처럼 복잡하거나 불투명하게 진행될 수 있었었습니다. 다행히 T학교 워크숍 이전에 I학교 워크숍을 참관할 수 있었고 타산지석 삼아 투표 과정에 재미를 추가하고 투명성을 보완하는 계기로 삼을 수 있었습니다. 또 I학교 사례처럼 투표 결과에 대한 이의를 제기하거나 불편해하는 학생들도 없었습니다. 같은 의사결정 절차라 하더라도 참여자 맞춤형으로 설계하고, 퍼실리테이팅한 사례라 그런지 여느 워크숍보다 기억에 남았습니다.

온라인 퍼실리테이션
어떻게 해야 되나요?

COVID 19가 장기화되면서 사회 전반에 걸쳐 많은 변화들이 있었습니다. 2020년 상반기에는 오프라인으로 모여 진행하는 워크숍이나 교육이 거의 시행되지 않았습니다. 자연스럽게 많은 사람들이 모였던 오프라인 중심의 워크숍 퍼실리테이션은 사람들간 접촉 없이도 워크숍 할 수 있는 온라인으로 퍼실리테이션으로 바뀌었습니다. 온라인 퍼실리테이션을 버츄얼(Virtual) 퍼실리테이션, 리모트(Remote) 퍼실리테이션, 디지털(Digital) 퍼실리테이션이라고 부르기도 합니다.

온라인으로 퍼실리테이션을 하려면 먼저 온라인의 특성을 이해해야 합니다.

온라인은 오프라인보다 장소나 시간에 구애 받지 않는다는 장점이 있습니다. 또한 오프라인만큼 많은 비용을 들이지 않더라도 운영이 가능하다는 특징도 있습니다. 반면 온라인은 오프라인보다 커뮤니케이션이 어렵다는 단점이 있습니다. 예를 들면 오프라인에서는 얼굴을 보고 소통하기 때문에 상대방의 얘기를 좀 더 쉽게 이해할 수 있습니다. 목소리 톤이나 얼굴 표정, 제스쳐 등을 바로 확인할 수 있기 때문입니다. 그러나 온라인에서는 영상이나 목소리, 채팅 등 만으로 소통을 하기 때문에 상대적으로 명확한 의사소통이 어려울 수도 있습니다. 온라인에서 얘기를 하고 싶어도 사람들의 소리가 맞물릴 수 있어 적극적인 참여를 망설이게 하기도 합니다. 무엇보다 인터넷 환경에 따라 접속이 불안정 할 수 있다는 가능성을 늘 갖고 있습니다.

오프라인과 다른 온라인 환경에 대한 이해를 바탕으로 어떻게 하면 온라인 퍼실리테이션을 잘 할 수 있을지 살펴보겠습니다.

첫 번째는 원활한 온라인 워크숍 위한 사전 준비입니다. 제한된 커뮤니케이션 환경에서 워크숍을 운영해야 하다 보니 보다 꼼꼼한 사전 준비가 필요합니다. 워크숍 주제 및 참고할 자료가 있다면 사전에 공유해 참여자들도 워크숍에 대한 준비를 할 수 있도록 합니다. 워크숍 주제는 2~3시간 안에 토의할 수 있는 간단한 것이 좋습니다. 명확한 소통을 위해 워크숍에 활용할 자료는 잘 보이는 큰 글씨로 작성해야 합니다. 비대면인 온라인에서 예상치 못한 상황들이 발생한다면 오프라인처럼 즉시 대응이 어려울 수도 있습니다. 온라인 워크숍 퍼실리테이션은 오프라인보다 2배 이상의 꼼꼼한 설계와 준비가 뒷받침 되어야 합니다.

두 번째는 기술 전문가를 두는 것 입니다. 온라인으로 워크숍을 할 경우 1개 이상의 플랫폼을 활용합니다. 퍼실리테이터가 참여자들이 플랫폼에 접속하고 이용하는 것까지 확인하고 지원하는 역할을 하면 좋겠지만 워크숍 당일에는 퍼실리테이션을 하기에도 빠듯할 것입니다. 이 때 기술 전문가를 두어 기술적으로 도움이 필요한 사항들을 지원 받는 것이 좋습니다. 예를 들면 시스템 사용 방법을 안내하거나 워크숍 당일 참여자가 접속이 어려울 경우 기술적인 지원을 하는 것입니다. 기술 전문가가 있다면 프로그램 활용이 어려운 참여자에게 개별 안내를 통해 사용 방법을 설명할 수 있습니다. 또 워크숍 당일 예상되는 리스크(접속 불량, 프로그램 활용 방법을 몰라 참여가 어려운 경우 등)에 대응할 수도 있습니다. 예를 들면 참여자들이 프로그램에 원활하게 접속 할 수 있는지, 안내에 따라 프로그램을 활용할 수 있는지, 어떤 기기(PC, 태블릿, 스마트 폰 등)로 참여할지 파악하는 것입니다. 기술 전문가의 지원 역할을 통해 퍼실리테이터는 오롯이 워크숍에 집중할 수 있을 것입니다.

세 번째는 효과적인 툴 사용입니다. 온라인 퍼실리테이션이 오프라인보다 더 어려운 이유는 비대면 상황에서 참여자간 역동이 일어나도록 퍼실리테이션 해야 한다는 점입니다. 오프라인의 경우 참여자와 눈을 맞추고, 물리적 거리를 가깝게 하는 행동들을 통해서도 참여를 촉진할 수 있습니다. 온라인의 경우 목소리와 텍스트, 그리고 비디오만으로 워크숍을 퍼실리테이팅 해야 합니다. 학창시절 인터넷 강의를 들어봤다면 40분 강의도 온전히 집중하기가 어려웠던 순간들이 한 번쯤은 있을 것입니다. 그 경험을 떠올린다면 몇 시간 가량 참여자를 참여하게 한다는 것은 많은 퍼실리테이션 역량과 스킬을 요구합니다. 이 때 다양한 툴을 활용해 참여자들의 관심을 환기시킬 수도 있습니다. 온라인 워크숍에서 자주 쓰이는 툴들을 [부록4]에 정리했습니다. 함께 보면서 내가 사용할 툴에 대해 함께 고민해 보기 바랍니다. 온라인 툴을 사용하기로 했다면 참여자들이 해당 플랫폼에 익숙해지는 시간을 마련하는 것도 필요합니다. 워크숍에 사용할 플랫폼을 미리 알려주거나, 워크숍 시작 전에 여유 시간을 두어 참여자들이 툴 내에 다양한 도구들을 사용해 볼 수 있도록 하는 것도 원활한 온라인 퍼실리테이션을 위한 좋은 방법이 될 수 있습니다.

네 번째는 워크숍 진행 시 필요한 규칙이나 역할을 선정하는 것입니다. 온라인에서도 오프라인과 마찬가지로 워크숍 시 지켜야 할 규칙에 대해 그라운드 룰을 설정하고 지키는 것이 필요합니다. 예를 들면 상호작용이 중요한 워크숍에서는 '카메라를 킨다' 또는 '마이크를 항상 키고 있는다 (또는 발언 할 때를 제외하고는 본인의 마이크를 꺼둔다)' 등이 될 수 있습니다. 질문에 대해 누구부터 어떤 순서로 말할 지 정하는 것도 필요합니다. 순서가 있다면 소리가 맞물리거나, 침묵의 상황을 예방할 수 있습니다. 자신의 차례를 알고 있으면 미리 하고 싶은 말이나 생각을 준비할 수도 있습니다. 자발적인 발언을 통한 참여가 원활하다면 순서는 별도로 선정하지 않아도 됩니다. 침묵이 이어질 경우를 대비해 선택적으로 활용하시면 됩니다. 필요하다면 Co 퍼실리테이터를 선정 해 워크숍에서 나온 내용을 정리할 수도 있습니다. 메인 퍼실리테이터가 퍼실리테이팅하느라 놓치고 있었던 질문이나 채팅 방의 내용들을 리뷰하고 상호 소통할 수 있습니다.

다섯 번째는 오픈 마인드로 참여하는 것 입니다. 온라인에서 진행되다 보니 인터넷 환경에 따라 접속이 늦어지거나, 끊기는 상황이 종종 발생하기도 합니다. 또 파일 공유를 하거나 대화를 할 때 '시간차'가 발생하기도 합니다. 피드백이 늦어지는 상황을 익숙해 하면서 오픈 마인드로 기다려주고 이해하는 마음이 필요합니다.

앞으로도 온라인 퍼실리테이션에 대한 요구는 점점 더 많아질 것입니다. 참여자의 지역과 시간에 구애 받지 않고 워크숍을 할 수 있다는 것은 보다 많은 참여자들을 온라인 퍼실리테이션 워크숍에 참여하게 할 수 있는 원동력이 될 것입니다.

온라인 퍼실리테이션이 빠르게 확산되면서 매일 새로운 툴이 나오고 있습니다. 온라인 툴을 다루는 교육이나 워크숍도 많아지고 있습니다. 이 시점에 우리 스스로 생각해봐야 할 것은 '과연 이렇게 많은 툴들이 온라인 퍼실리테이션을 하는 데 꼭 필요할까?' 입니다. '화상회의 툴 만으로도 참여자들과 소통하고 참여를 촉진하는데 충분한데 퍼실리테이터의 욕심으로 필요 이상으로 많은 툴을 사용하고 있는 것은 아닌가?' 하고 말입니다. 각종 툴이 많지만 이를 사용하는 근본적인 이유는 온라인에서 퍼실리테이션을 하기 위함입니다. 소통의 방식이자 참여의 역동을 만들어내는 도구로 활용하기 위함입니다. 자칫하면 화려한 툴에 빠져 워크숍 참여자들이 툴 사용법을 헤매다 시간이 다 흐를 수도 있습니다. 온라인 툴을 다양하게 사용할 줄은 알되 툴에 빠져 주객이 전도 돼서는 안될 것입니다.

마지막으로, 오프라인에서 일어났던 참여자간 역동이 온라인에서 구현이 어려울 수도 있습니다. 오프라인처럼 즉시 소통하고 참여해서 현장의 분위기를 100% 느끼는 것이 온라인에서는 제한 될 수밖에 없습니다. 그렇지만 온라인이기에 할 수 있는 것들이 있습니다. 전 세계를 한 플랫폼에서 연결할 수 있고 익명으로 의견을 내거나 투표를 하는 활동 등을 오프라인보다 쉽게 할 수 있습니다. 온라인의 특성을 이해하고 온라인이게 가능 한 것들에 대해 고민해 본다면 오프라인과는 또 다른 역동을 불러일으킬 수 있을 것입니다.

'도전은 인생을 흥미롭게 만들며, 도전의 극복이 인생을 의미 있게 한다'[*]는 말이 있습니다. 온라인에서 퍼실리테이션을 한다는 것은 오프라인 퍼실리테이션에 익숙한 우리에게 새로운 도전이 될 수 있습니다. 새로운 도전을 통해 익숙하지 않은 온라인 환경이나 플랫폼에 익숙해지고 또 극복한다면 새로운 퍼실리테이션 세계가 열리리라 기대합니다. 올해가 가기 전에 한 번 시도해 보시면 어떨까요?

[*] 조슈아 J 마린의 말

워크숍 클로징

'유종의 미' 라는 말이 있습니다. 학창 시절 기말고사가 끝나고 어수선한 학년 말이 되면 매년 선생님들께서 하셨던 말입니다. '유종의 미'는 '한 번 시작한 일을 끝까지 잘하여 맺은 좋은 결과'라는 뜻입니다. 학기말 분위기에 흔들리지 말고 지금까지 해온 것처럼 잘 해서 좋은 마무리를 하자는 의미로 쓰셨던 것 같습니다. 시간이 지나 워크숍을 할 때마다 끝나는 시간이 다가오면 '유종의 미'라는 말이 늘 떠오릅니다. 끝나는 시간이 다가올수록 참여자들을 집에 갈 생각으로 어수선해지고, 시간은 촉박하고...'빨리 끝났으면 좋겠다.'라는 생각이 워크숍 퍼실리테이터 스스로 드는 순간들이 있습니다. 그 때 우리 스스로 '유종의 미'라는 말을 떠올리면서 워크숍을 마무리하면 어떨까?라는 생각을 해봅니다.

일반적으로 클로징은 참여자들이 워크숍에 대한 소감을 나누고 워크숍의 결과물을 리뷰 하는 것으로 마무리합니다. 함께 참석했던 참여자들에게 감사를 표하거나, 결과물에 대한 실행 의지를 다지기도 합니다. '유종의 미'를 거두기 위한 클로징 방법들을 사례를 통해 살펴보도록 하겠습니다.

첫째, 워크숍 소감을 공유하는 것입니다. 이 때 퍼실리테이터는 "워크숍 오프닝 시 OOO한 사항들은 기대한다고 하셨는데 어떠셨나요?"라는 질문으로 소감을 어떻게 말해야 할지 가이드를 줄 수도 있습니다. 소감을 공유하는 가장 간단한 방법은 별도의 방법이나 도구 없이 자발적인 참여자가 본인의 소감을 나누는 것 입니다. 워크숍에서 좋았던 점이나 아쉬운 점을 중심으로 얘기합니다. 도구를 활용하고 싶다면, '아이스브레이킹' 파트에서 언급된 '그림 카드'를 적용해볼 수 있습니다. 워크숍에 대한 소감을 표현한 그림 카드를 한 장씩 고르고 이를 설명하는 것 입니다. 두 가지 방법 외에 새로운 방법을 적용해보고 싶은 퍼실리테이터가 있으시다면 '아바타[그림5]'라는 다음의 방법을 추천 드립니다. 사람 모양의 종이에 각 파트별로 접목시킬 수 있는 질문을 통해 워크숍에 대한 소감을 공유하는 방법입니다.

둘째, 워크숍 결과물을 함께 리뷰 하는 것입니다. 이 과정에서 공통의 기억인 그룹 메모리를 만들 수 있습니다. 워크숍을 리뷰 할 때 많이 쓰는 방법은 워크숍에서 함께 만들어온 결과물을 순차적으로 설명하는 것입니다. 이 때, 워크숍의 결과물들이 순서대로 부착되

퍼실리테이션을 만나다

[그림35. '아바타' 클로징 활용 방법 및 예시]

사람 모양의 종이에 부분별 특성을 대입해 워크숍에 대한 소감, 실행의지, 기억에 남는 점 등을
작성해 공유하는 방법

작성 예시) 머리 : 워크숍에서 알게 된 Insight나 기억나는 것 등
        가슴 : 가장 인상 깊었던 것, 즐거웠거나 아쉬운 점, 가슴을 설레게 했던 부분/사람 등
        다리 : 워크숍을 마치고 실행해 보고 싶은 것 등

·활용 예시)

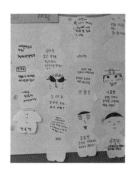

어 있다면(시계 방향 등) 보다 쉽게 설명할 수 있습니다. 공간이 넉넉
하지 않아 어려울 경우에는 일정표를 함께 리뷰하며 단계별로 어
떤 결과물들을 만들었는지 설명하기도 합니다. 그룹 메모리를 만들
기 위해 '그래픽 퍼실리테이션'을 활용하기도 합니다. 워크숍에서
'그래픽 퍼실리테이션'을 다양하게 적용할 수 있지만 보통은 워크
숍 결과물을 기록하는 '레코딩' 도구로 많이 활용되고 있습니다. 비
용과 시간의 이슈 등으로 여건상 그래픽 퍼실리테이터가 워크숍에
참석해 워크숍을 기록하는 것이 쉽지는 않지만, 적용이 가능하다면
그 효과는 배가 될 것입니다. [그림 36]은 2017년 IAF 아시아 컨퍼
런스에서 제가 프레젠테이션 했었던 세션을 '그래픽 퍼실리테이션'
으로 정리한 것입니다. Tul Lekutai라는 태국의 그래픽 퍼실리테이

터가 제 세션에 참여했었습니다. 세션에 대한 정리뿐만 아니라 참여자들이 워크숍 참여를 통해 함께 만든 결과물들을 그래픽으로 기록했습니다. 세션이 끝날 무렵 완성된 결과물을 참여자들과 보면서 워크숍에서 어떤 내용들을 우리가 나눴는지 얘기하는 시간을 가졌습니다. 나아가 제 세션에 참석하지 못했던 참여자라도 아래의 그림을 보면서 이 세션에서 어떤 내용들이 다뤄졌을지 참고하는 자료로 활용할 수 있습니다. 또 참석했던 사람들끼리는 세션을 되새기며 대화를 나누는 소재로 활용할 수도 있습니다.

[그림36. 그래픽 퍼실리테이션 사례]

Graphic facilitated by Tul Lekutai, Pictures talk, www.Picturestalk.net, FB Page : Pictures Talk

세 번째 클로징 방법은 함께 참석했던 참여자들에게 감사를 표하는 것입니다. 칭찬카드를 활용해 우리 조에서 열심히 참여한 한

명을 선정해 칭찬을 할 수도 있고, 오른쪽에 앉은 사람에게 돌아가면서 칭찬을 할 수도 있습니다. 시간적 여유가 있다면 팀원들 전체를 칭찬하되, 칭찬에 대한 객관적 예시를 들어 칭찬에 익숙하지 않은 사람도 쉽게 참여할 수 있도록 하는 방법도 있습니다. 칭찬을 하고 받으면서 본인도 몰랐던 부분을 알아주는 사람들에게 감사하게 되고, 또 긍정의 에너지가 높아진 분위기에서 워크숍을 마무리 할 수 있습니다.

마지막 클로징 방법은 결과물에 대한 실행의지를 다지는 활동입니다. 워크숍 결과물을 바탕으로 내가 어떤 것을 당장 실행할 지 옮겨 적고 이를 함께 공유합니다. 내가 스스로 실행할 것을 선정하고 사람들 앞에서 얘기하면서 실행력을 높일 수 있습니다. 퍼실리테이터의 준비에 따라 액자를 활용해 작성하기도 하고, '실행 선언문' 등을 작성하기도 합니다. 이 때 잊지 않고 참여자들끼리 서로 각자의 실행을 격려해주는 것도 필요합니다. 후속 워크숍이 있거나 실행 후의 성과 관리가 있을 경우, 이 부분에 대한 언급도 같이 해주는 것이 좋습니다.

위에서 설명한 클로징 방법들은 선택적으로 활용할 수 있으며, 경우에 따라 4가지 방법을 모두 활용하기도 합니다. 어떻게 클로징을 해야 할지 고민 되신다면 위의 방법들을 참고해서 워크숍에 적용해보기 바랍니다.

퍼실리테이터에게 묻다

성공적인 워크숍을 위한 노하우가 있나요?

첫 번째 방법은 '주제와 결과물을 명확히 하는 것'입니다. 워크숍 자료를 사전에 공유했다 하더라도 대다수 참여자들은 자료의 내용을 자의적으로 해석하고 참석하는 경우가 많습니다. 오프닝 단계에서 주제에 대해 명확히 설명하고 어떤 결과물을 함께 도출할 것인지에 충분히 설명하고 합의하는 시간이 필요합니다. 이 내용에 대해서는 다음 장에서 보다 구체적으로 다루겠습니다.

두 번째 방법은 '쉬는 시간 및 점심시간 등을 활용해 워크숍 관계자들의 반응을 확인하고 의견을 구하는 것'입니다. 여기에서 관계자는 워크숍 의뢰자(고객), 참여자 그리고 의사결정권자 등을 말합니다. 고객과 소통의 경우, 워크숍 진행 시나리오와 관련해 사전에 협의 했다 하더라도 당일 워크숍 참여도와 분위기에 따라 워크숍이 계획대로 진행되지 않을 수 있습니다. 지속적인 고객과의 소통을 통해 워크숍 프로세스나 시간을 조정하는 등 유연하게 퍼실리테이팅하는 것이 필요합니다. 다음은 참여자와 소통입니다. 워크숍 진행 단계에서 계획 한 것보다 해당 주제에 대한 토의가 길어지게 되면 참여자에게 해당 부분에 대한 추가적인 논의가 더 필요한지 확인할 수 있습니다. 시간이 더 필요할 경우 참여자들에게 동의를 구하고 시간을 조정하기도 합니다. 이 경우 뒤의 토의 시간에 영향을 줄 수 있기 때문에 그 부분을 확인 및 충분히 소통 한 후 조정

　　　　　　　　　　　　퍼실리테이션을 만나다

하는 것이 필요합니다. 마지막으로 의사결정권자와 소통입니다. 주제에 따라 워크숍 중간에 의사결정권자가 참여하는 워크숍도 있습니다. 현재까지의 진행 과정 및 결과물을 설명하고 추후 진행 시 고려해야 할 방법이 있는지 의견을 구하고 반영하는 것도 하나의 방법이 될 수 있습니다.

세 번째 방법은 Co 퍼실리테이터와 함께 워크숍을 퍼실리테이팅 하는 방법입니다. Co 퍼실리테이터는 협업 퍼실리테이터, 파트너 퍼실리테이터라고도 불립니다. 일반적으로 Co 퍼실리테이터와 함께 워크숍을 하는 경우 비용 등의 이슈로 참여자가 일정 규모 이상이 되는 워크숍 이거나, 워크숍 사안이 중요한 경우가 대부분입니다. 위의 경우가 아니더라도 Co 퍼실리테이터와 함께 워크숍을 한다면 보다 효과적으로 퍼실리테이팅 할 수 있습니다. Co 퍼실리테이터의 중요한 역할 중에 하나는 메인 퍼실리테이터가 목적을 달성할 수 있도록 모니터링하고 이를 저해하는 장애 요소를 제거하는 것입니다. 실시간으로 메인 퍼실리테이터와 소통하면서 워크숍을 효과적으로 퍼실리테이팅 할 수 있습니다. 한 워크숍에서 메인 퍼실리테이터로서 워크숍을 설계한 대로 퍼실리테이팅 하느라 마음이 바빴던 적이 있었습니다. 어느 순간부터인가 분위기가 처음 같지 않음을 직감하고 잠시 쉬는 시간을 가졌습니다. 쉬는 시간 동안, Co 퍼실리테이터로부터 제가 미처 놓쳤던 참여자들의 피드백과 분위기를 전달 받을 수 있었습니다. 이를 반영해 워크숍을 일부 수정했습니다. 다행히도 분위기는 다시 처음처럼 좋아졌고 워크숍을 잘 마무리 할 수 있었습니다. 메인 퍼실리테이터가 만능이 되어 모든 걸 다 할 수 있으면 가장 이상적인 워크숍일 것입니다. 그렇지만 워크숍에서는 늘 다양한 변수가 있습니다. Co 퍼실리테이터와 함께 하는 것은 워크숍을 성공적으로 퍼실리테이팅하기 위한 좋은 방법이 될 수 있습니다. '백지장도 맞들면 낫다'라는 말이 있습니다. Co 퍼실리테이터와 함께 워크숍에서 놓치고 있었던 부분을 함께 채워 나가며 워크숍을 퍼실리테이팅 할 수 있을 것입니다.

성공적인 워크숍을 위한 따라 하기 쉬운 노하우 3가지

주제와 결과물에 대한 명확하게 하기

쉬는 시간을 활용한 워크숍 관계자들의 반응 확인하기

Co 퍼실리테이터와 함께 퍼실리테이팅하기

퍼실리테이터의
Reflection(회고)

철학자이자 교육학자인 존 듀이(John Dewey)는 '우리는 경험으로부터 배우는 것이 아니라 경험한 것을 성찰함으로써 배운다.'라고 말했습니다. 매번 워크숍이 끝나고 회고의 시간을 가지면서 늘 떠올리는 구절입니다. '오늘도 회고를 통해 퍼실리테이션 할 때 보다 더 많이 배우고 느끼는구나!'라고 말입니다.

워크숍이 끝나면 '돌아보기, 회고(Reflection)'라는 단계를 통해 워크숍을 되짚어보는 시간을 갖습니다. 보통은 워크숍 마무리 시점에 참여자들로부터 받은 설문이나 만족도 피드백을 받습니다. 이를 바탕으로 좋았던 점이나 아쉬웠던 점, 추가로 보완해야 할 것은 어떤 사항들이 있는지 살펴볼 수 있습니다. 또한 퍼실리테이터 스스로 워크숍 과정 중에 중립성을 잘 지켰는지, 결과물을 낼 수 있도록 참여자들을 촉진했는지, 참여자들이 워크숍에 충분히 참여할 수 있도록 시간과 적절한 방법들을 사용했는지 등을 생각해볼 수도 있습니다. 이 과정을 통해 다음의 워크숍을 미리 준비하고, 워크숍 퍼실리테이터로서 같은 실수를 반복하지 않도록 돌아보는 계기로 삼을 수 있습니다.

어떻게 하면 워크숍 퍼실리테이션에서 'Reflection(회고)'를 잘할 수 있을까요?

첫 번째는 '시간'을 확인하는 것 입니다. 정해진 시간에 끝났는지, 시간이 부족하거나 남지는 않았는지 등 입니다. 위의 내용 중 해당하는 항목이 있다면 그 이유도 체크할 필요가 있습니다. 해당 세션에 필요보다 긴 시간을 안배한 것은 아닌지, 안전한 환경이 마련되지 않아 참여자들의 참여가 미흡해 시간이 남은 것은 아닌지 생각해볼 수 있습니다. 반대로 시간이 부족했다면 시간 안에 아이디어를 도출하기엔 내용이 너무 많았던 것은 아닌지, 참여자들이 주제나 질문에 대한 내용이 숙지가 되지 않았는지 등을 생각해 볼 수 있습니다.

두 번째는 '전체 프로세스를 리뷰'하는 것 입니다. 프로세스 별로 적절한 방법과 도구를 썼는지 먼저 생각해 볼 수 있습니다. 적절한 도구였다면 다시 워크숍을 할 경우 같은 방법을 쓸 것인지도 생각해 볼 수 있습니다. 만약 다른 방법을 쓴다면 어떤 방법을 왜 쓸 것인지 생각해 볼 수 있습니다. 프로세스 리뷰를 통해 기존의 워크숍을 다시 설계해 볼 수도 있습니다.

세 번째는 '참여자들의 피드백'을 확인하는 것 입니다. 퍼실리테이터가 워크숍 프로세스의 공급자였다면 참여자들은 워크숍의 소비자라고 할 수 있습니다. 간단하게는 워크숍의 좋았던 점이나 아쉬웠던 점을 물어볼 수 있습니다. 퍼실리테이터는 워크숍 설계 단계에서부터 깊이 몰입되어 있기 때문에 놓치는 부분이 있을 수 있습니다. 피드백을 통해 워크숍의 부족한 점을 보완하고 좋았던 점을 강화해 다음 워크숍을 준비할 수 있습니다.

참여자의 피드백을 받기 위해 자주 활용하는 두 가지 활동이 있습니다.

먼저 '10점 만점에 몇 점?'이라는 활동입니다. 10점을 만점으로 워크숍에 대한 만족도를 점수로 주는 방법입니다. 왼쪽의 '+'에는 좋았던 점을 오른쪽에 '-'에는 아쉬운 점을 작성합니다. 이 활동의 좋은 점은 점수(정량적) 및 소감(정성적)을 설문을 동시에 할 수 있다는 것 입니다.

['10점 만점에 10점' 활용 방법]

워크숍 만족도를 10점 만점 및 소감으로 작성하고 공유하는 활동

* 진행방법
1) '10점 만점에 10점' 용지와 펜을 개인별로 나눠준다
2) 용지 가운데 원에 워크숍 만족도를 10점 만점에 몇 점인지 작성한다
3) 왼쪽(+)에는 워크숍에서 좋았던 점을, 오른쪽(-)에는 아쉬운 점을 작성한다
4) 작성 내용을 조 내에서 공유하고 나갈 때 제출한다

두 번째 활동은 '공감지도[*]' 입니다. '공감지도'는 워크숍 전체를 감각 중심으로 돌아보는 활동입니다. 워크숍에서 보고, 말하고, 듣고, 생각하고, 느끼고, 행동한 것을 작성하고 공유합니다. 구체적인 피드백을 받을 수 있어 자주 사용하는 효과적인 활동입니다.

['공감지도' 활용 방법]

워크숍 전체를 감각 중심으로 돌아보고 함께 공유하는 활동

* 진행방법 (그룹별 진행 시)
1) 조별 공감지도 양식과 접착 메모지, 펜을 나눠준다
2) 개인별로 접착 메모지에 '공감지도'의 각 내용을 작성한다
  - 워크숍 하면서 듣고, 보고, 말한 것 중에 가장 기억에 남는 것,
    느낀 것, 새롭게 생각하게 된 것, 종료 후 내가 실행할 것 (1장에 1개씩)
3) 작성 내용을 조 내에서 공유한다
4) 공통된 내용을 전체 공유한다

네 번째는 '워크숍 고객과 의사결정권자의 피드백'을 듣는 것입니다. 처음에 워크숍을 의뢰하면서 기대한대로 워크숍이 운영되었는지 피드백을 받을 수 있습니다. 결과물이 원하는 방향으로 나왔는지, 그 외에 피드백 해줄 사항은 어떤 것이 있는지에 대해서도 의견을 받을 수 있습니다. 이를 통해 추후 워크숍 사전 미팅 시 어떤 부분을 미리 체크하거나 설계 시 고려할 부분에 대해 생각해 볼 수 있습니다. 이 부분에서는 피드백을 받는 것뿐만 아니라 피드백을 줄 수도 있습니다. 워크숍 참여 분위기라던가 워크숍이 끼친 영향,

---

[*] XPLANE의 스캇 매튜스(Scott Mathews)가 만듦.

워크숍 결과물이 보다 실행력 있게 할 수 있는 조언 등입니다.

마지막으로 '퍼실리테이터 스스로 학습자가 되어 돌아보기'를 하는 것 입니다. 워크숍을 통해 새롭게 알게 된 점이나 배울 점, 다음 워크숍에 적용할 사항 등을 생각해 볼 수 있습니다. 퍼실리테이터의 돌아보기를 통해 이미 시행한 워크숍을 다시 설계해보는 연습도 해볼 수 있습니다.

☑ 학습자로서 돌아보기에 대해 생각하게 된 2017 IAF 아시아 컨퍼런스 사례

2017 IAF 아시아 컨퍼런스의 주제는 'Connect people and thinking for shared values(사람들을 연결하고 가치 공유를 위한 생각)'이었습니다. 저는 '3 Adoptable Methods of Powerful Design Generation in Facilitation(이미지를 활용해 퍼실리테이션에 적용할 수 있는 강력한 3가지 방법)'라는 세션을 운영했습니다. 국제 컨퍼런스에서 처음 하는 세션인지라 설렘 반 걱정 반으로 전날 잠도 잘 못 자고 준비했습니다. 참여자들에게 보다 다양한 도구와 사례들을 소개하고 싶어 3개의 도구를 3시간에 다루는 타이트한 설계를 했습니다. 세션 운영 방식은 '도구소개-실습-공유-사례소개' 였습니다. 세션이 시작됐고 첫 번째 도구를 실습했습니다. 시계를 보니 공유 시간이 턱없이 부족하다는 것을 알게 됐습니다. 결과물 공유 후에도 자율적인 질의응답이 이어졌고 시간이 부족해 남은 두 개의 도

구를 실습하고 공유하는 시간을 타이트하게 운영했습니다. 개인적으로 아쉬웠지만, 컨퍼런스에서 첫 세션을 했다는 것에 의미를 두고 마무리를 했습니다.

세션이 끝나고 피드백을 받았습니다. 피드백 내용 중 많은 부분이 '공유 시간'에 대한 내용이었습니다. 시간이 너무 짧아 충분히 공유할 수 없었다는 것입니다. '발표할 시간을 충분히 줬는데 왜 짧았다는 거지?' 라는 생각이 들었습니다. 피드백을 꼼꼼히 읽어보고 다시 생각해보니 피드백에 언급된 '공유'의 의미가 단순한 실습 결과물에 대한 '공유'가 아니었습니다. 함께 실습하면서 느낀 도구에 대한 생각들(사용 시 유의할 점, 보다 효과적인 도구 사용을 위한 팁, 변형

퍼실리테이션을 만나다

해서 사용할 수 있는 방법 등)을 공유하는 시간을 의미하는 것이었습니다. 제가 공유했던 도구와 사례들은 구글 검색을 통해서 찾을 수도 있겠지만, 당일 모인 퍼실리테이터끼리 도구에 대한 영감이나 생각 공유들은 그 시간에 밖에 못한다는 생각이 스쳤습니다. 참여자들은 도구에 대한 설명보다는 실제로 실습하고 느낀 점이나 적용 방법을 고민해 공유하는 것을 더 선호한다는 것도 알게 됐습니다.

이후 참석한 컨퍼런스에는 '공유'의 시간을 표면적인 Sharing이 아닌 Reflection(반영, 회고)에 초점을 맞춘 세션들을 준비했습니다. 지식의 일방적인 공유가 아니라 실습을 통해 느낀 점들을 서로 공유하고 학습하는 형태로 운영했습니다. 저 또한 새로운 인사이트를 얻으며 배울 수 있었습니다.

퍼실리테이터에게 회고란 워크숍이 끝나고 갖는 커피 타임입니다. 워크숍이 끝나고 쉬면서 마시는 커피는 달콤한 휴식이자 피로를 해소하게 해주는 매개체 입니다. 워크숍 분위기와 결과물에 따라 쓴 커피가 될 수도 향긋한 커피가 될 수도 있을 것입니다. 워크숍이 끝났다면 커피 한 잔과 함께 회고의 시간을 가져보면 어떨까요? 처음 돌아보기를 시도하는 워크숍 퍼실리테이터라면 아래의 양식을 참고해 활용해보기 바랍니다.

[그림37. 퍼실리테이터의 돌아보기 양식]

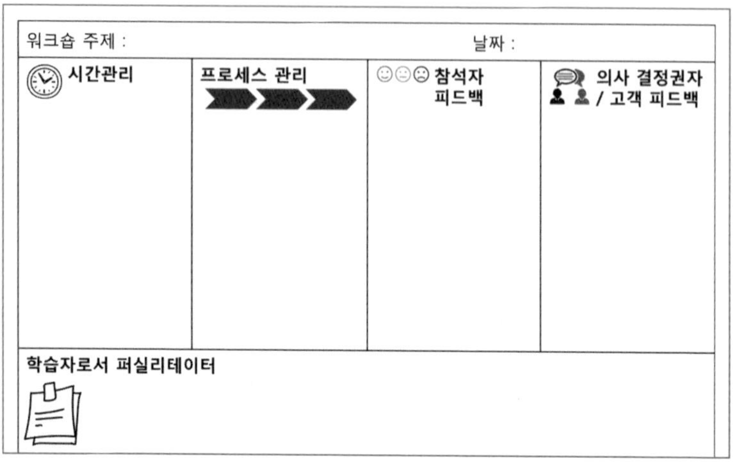

워크숍 주제 :		날짜 :	
🕐 시간관리	**프로세스 관리** ⏵⏵⏵	☺☺☹ **참석자** **피드백**	💬 **의사 결정권자** 👤 👤 **/ 고객 피드백**

학습자로서 퍼실리테이터

3장을 마무리하며…

 이번 장에서 새롭게 알게 되거나 배운 것은 무엇인가요?

 이번 장에서 영감을 얻은 아이디어가 있다면 무엇인가요?

가장 기억에 남거나 인상 깊었던 내용은 무엇인가요?

다음 워크숍에 적용해보고 싶은 것이 있다면 무엇인가요?

4장

워크숍
퍼실리테이션
실전 사례

동기부여와
성과창출을 연계한 워크숍

상반기 마무리 시점에 영업조직을 대상으로 시행한 워크숍 사례
입니다. 워크숍의 첫 번째 목적은 참여자들의 성과와 노력을 칭찬
하고 격려하는 시간을 통해 동기부여를 하는 것이었습니다. 두 번
째 목적은 이 동기를 하반기 성과로 견인할 수 있도록 하는 것이었
습니다. 성과창출을 다루는 워크숍의 경우 목표 달성이나 실적 압
박의 부담으로 자칫하면 분위기가 무거워 질 수 있습니다. 이에 어
떻게 하면 즐거운 분위기에서 동기부여와 성과창출 두 가지를 동시
에 다룰 수 있을 지 고민했습니다. 고민 끝에 지금까지 했었던 대다
수의 워크숍들이 개인이 초점이 아니라 조직에 관점이 맞춰져 있었
다는 것을 발견했습니다. 동기부여가 첫 번째 목적인 만큼 이번 워
크숍은 기존과 다르게 개인 관점에서 시작해 조직으로 관점을 확대

하는 방법에 대해 고민했습니다.

동기부여를 위해 '강점'에 집중하는 AI(Appreciate Inquiry, 긍정 조직 혁명, 긍정 혁명)에 기반해 워크숍을 설계했습니다. 첫 번째 세션에서는 성격 강점을 통해 '자기 이해 시간'을 가졌습니다. 두 번째 세션에서는 칭찬을 통해 팀원간 서로 이해하고 팀워크를 다지는 시간을 가졌습니다. 마지막 세션에서는 향상된 자신감과 상호 이해로 조직의 성과를 높일 수 있는 아이디어를 찾는 활동을 했습니다.

워크숍 개요

구분	내용
주제	동기부여 및 하반기 영업성과 향상 아이디어 발굴
결과물	동기부여 및 팀워크 향상, 하반기 영업 성과 향상을 위한 개인 아이디어
시간	8시간
대상	현장 영업직원 20명 내외
고객 요청사항	참여자들의 성과를 칭찬하고 격려하는 시간이 마련되면 좋겠음 무겁지 않은 분위기에서 성과와 앞으로의 계획에 대해 다루면 좋겠음

워크숍 Time Table

시간	구분	내용	준비물
10:00-10:15	오프닝	워크숍 취지 소개 및 아이스브레이킹	아이스브레이킹용 선물 2개
10:15-10:45	세션 I	성격 강점 발견 Activity	스트렝스5 강점카드 (인당 1개) 강점나무 시트, 강점차트 시트(인당 1장씩)

시간		내용	준비물
10:45-11:25	세션 II	팀 빌딩 -팀복권, 귀로 그리는 그림	팀복권, 전지 4장, 색연필, 마커, 우수 조 시상용 선물
11:25-11:50		나를 위한 상장 만들기 - 그래, 여기까지 잘 왔다	'그래, 여기까지 잘 왔다' 영상(김창옥), 상장 양식 종이, 네임펜
13:00-13:50	세션 III	영업 무기 성과향상 아이디어 발굴 -주력 업종 선정 후 업종별 특색 분석하기	화이트 보드, 보드마커, 전지 8장, 네임펜, 포스트 잇
14:00-16:30		고객사별 영업 아이디어 찾기 (업종별 특색기반)	전지 8장, 네임펜, 포스트 잇
16:30-17:00		내가 실행할 아이디어 선정 및 공유	투표용 스티커
17:00-17:30	클로징	상장 증정 및 소감 공유	개인별 작성 상장, 미니 꽃다발
17:30-17:50		클로징 및 설문	네임펜, 포스트 잇

워크숍 첫 번째 세션은 '성격 강점' 발견을 통한 자기 이해입니다. 여기에서 '성격 강점'은 '내가 가진 다양한 성격 요소 중 가장 상대적으로 뛰어난 점'을 의미합니다. 일반적으로 우리가 사용하는 '강점'의 경우 '남보다 우세하거나 더 뛰어난 점'이라는 뜻으로 남과의 비교를 통해서 정의됩니다. 동기부여를 위한 이번 워크숍에서는 비교가 아닌 개개인 본연의 역량과 잘하는 것에 초점을 맞춘 '성격 강점'을 활용하기로 했습니다. 참여자 개개인의 잠재력을 발굴하고 긍정성을 강화하는 것이 더 효과적이기 때문입니다. 갤럽의 연구결과[*]와 '피터드러커'[**]의 어록을 언급하며 '성격 강점'을 함께

---

[*] 갤럽 강점개발 연구소에 의하면 '자신의 강점을 사용하는 데 집중하는 사람'이 업무에 몰입할 가능성이 6배 나 높다는 결과가 있습니다.
[**] 경영학의 대가로 알려진 '피터 드러커'는 '성공하고 싶다면 자신의 약점을 고치려 할 것이 아니라 자신의 강점을 활용하고 개발하는 데 집중해야 한다'라고 말했습니다.

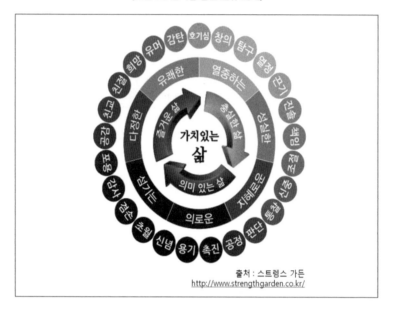

[그림 38. 한국형 강점 분류 체계]

출처 : 스트렝스 가든
http://www.strengthgarden.co.kr/

찾고 개발하는 것이 왜 중요한지 설명했습니다. 이어 '성격 강점 카드'를 활용 해 '성격 강점'을 발견하는 시간을 가졌습니다. '강점 피라미드' 활동을 통해 참여자 스스로가 본인의 성격 강점을 발견하고 서로의 강점을 칭찬하면서 첫 번째 세션을 마무리했습니다.

두 번째 세션은 첫 번째 세션에서 나눈 상호 칭찬과 격려로 훈훈해진 분위기 속에서 시작했습니다. 팀 빌딩이 두 번째 세션의 주요 내용이었습니다. '동료 압력 효과'와 '사일로 효과'를 언급*하며 왜 팀빌딩을 해야 하는 지 설명했습니다. 팀빌딩을 위해 새롭게 발

---

* 동료 압력 효과(Peer Pressure)는 그룹 내 동료들끼리 사이가 좋을 경우 동료를 실망시키지 않기 위해 더욱 몰입한다는 의미입니다. 사일로 효과(Silo Effect)는 혼자서만 일하고 동료간 사이가 안 좋을 경우 조직 장벽과 부서 이기주의가 발생한다는 뜻입니다. 여기서는 팀빌딩을 한다면 동료간 친밀도가 높아질 것이고, 동료 압력 효과로 성과가 올라갈 것 이라는 의미로 사용되었습니다.

견한 나의 '성격 강점' 적용한 역할을 정했습니다. 예를 들면 '유머'
의 강점을 가진 참여자는 에너자이저(워크숍 중 동료들에게 에너지를
불어 넣는 역할), '통찰'의 강점을 가진 참여자는 '조장' 등 입니다. 역
할을 잘 수행할 수 있도록 격려하고 팀빌딩을 시작했습니다. 팀빌
딩으로 '귀로 그리는 그림' 활동을 했습니다. 자연스럽게 지금까지
성격 강점을 발현해 성과를 내고 함께 해온 동료들을 칭찬하는 시
간을 가졌습니다. 오전의 마지막 일정으로 격려 메시지를 담은 영
상을 함께 시청하고 '나를 위한 상장 만들기' 시간을 가졌습니다.
함께 볼 영상으로 세바시(세상을 바꾸는 15분)에서 다룬 '김창옥 교
수'의 '그래, 여기까지 잘 왔다'를 준비했습니다. 영상을 통해 각자
의 직장 생활을 돌아보고 스스로를 다독이며 칭찬하는 상장을 작성

하는 시간을 가졌습니다.

　오후 세션의 주 활동은 소속 별로 선정한 영업 무기를 중심으로 영업 계획 수립 및 추진 아이디어를 발굴하는 것이었습니다. 시작 단계에서는 분위기 전환을 위해 성격 강점을 영업 활동에 적용해 성과 낸 사례를 공유하며 자신감을 부여했습니다. 선정한 영업 무기를 보다 세분화해 분석하고 아이디어를 찾는 시간을 가졌습니다. 영업 무기의 주요 업종을 8개 리스트로 정리했습니다. '어떤 고객이 올까? 고객은 어떤 서비스와 상품을 원할까? 내가 사장님이라면 어떤 것을 원할까?'라는 세 개 질문으로 업종을 분석했습니다. 다음 단계에서는 질문에서 찾은 니즈와 자사의 상품 특징을 연계해 영업을 할 수 있는 아이디어를 찾았습니다. 마지막으로 해당 아이디어 중에 우리 그룹의 실행 아이디어를 선정했습니다. 추가적으로 내가 당장 실행할 아이디어를 우선 순위화하고 공유하는 시간도 가졌습

　　　　　　　　　　　　　　　　　퍼실리테이션을 만나다

니다.

결과물의 즉시 실행이 중요한 워크숍인 경우에는 마무리 단계에서 실천을 위한 다짐 시간을 필수로 갖습니다. 이번 워크숍에서는 다짐 대신 오전에 작성한 상장과 준비한 꽃다발을 릴레이로 전달하는 시간을 가졌습니다. '나만의 상장'을 통해 나 스스로를 칭찬하고 동료들이 있는 가운데 상장 수여를 하면서 자존감과 자신감을 높였습니다. 자연스럽게 직원들의 사기는 올라갔고 동기부여도 할 수 있었습니다. 상장 수여 후에는 소감 공유를 통해 아이디어에 대한 실행력까지 높일 수 있었습니다.

~~~~~~~~~~~~~~~~~~~~~~~~~~~~~~~~~

워크숍 참여자 소감

'성과를 내기 위해 숫자나 목표 얘기만 했었는데 딱딱한 분위기가 아니라 편안한 분위기에서 얘기할 수 있어 좋았다.'

'동료들끼리 서로 칭찬하고 격려해줘서 마음이 따뜻해졌다'

'동료가 나를 이렇게 생각하는 지 몰랐는데… 너무 고맙고 자신감이 생겼다'

'영업 전략을 짤 때, 우리 상품의 좋은점을 계속 어필했는데 고객과 사장님 관점에서 생각해보는 시간이 신선했다.'

'워크숍에서는 아이디어만 내는 줄 알았는데 스스로에게 격려상을 수여하는 과정이 너무 좋았습니다'

'시간이 너무 짧아 아쉬웠다. 실행아이디어를 구체적으로 얘기할 수 있는 시간이 더

있으면 좋겠다.'

~~~~~~~~~~~~~~~~~~~~~~~~~~~~~~

워크숍 회고

워크숍 중심을 개인에서 시작해 조직 또는 그룹으로 확장하는 방식으로 설계한 것 자체가 정말 의미 있었습니다. 참여자 모두가 개인의 잘하는 것을 스스로 찾으면서 워크숍에 중심이 되었고 참여도와 몰입도는 자연스럽게 올라갔습니다. '상장'을 만들고 '릴레이 전달식'을 가지면서 참여자 모두를 주인공으로 만들 수 있었습니다. 이런 과정들을 통해 참여자들이 워크숍과 아이디어의 실행 주체임을 다시 상기시킬 수 있었고, 성과 창출 아이디어 발굴 파트도 즐거운 분위기에서 진행할 수 있었습니다.

아쉬운 점이 있다면 실행 아이디어를 구체화하는 시간이 부족했다는 것입니다. 충분한 시간이 있었다면 아이디어 실행 시 예상되는 허들과 이 허들을 조직 차원에서 어떻게 해결 또는 지원할 지 생각해볼 수 있었을 것입니다.

~~~~~~~~~~~~~~~~~~~~~~~~~~~~~~

지역 사회에서의 퍼실리테이션

에너지 자립 마을 만들기 위한 아이디어 발굴 워크숍

이번 워크숍은 행정복지센터에서 지역 주민을 대상으로 시행한 워크숍입니다. 지역 특화사업의 일환으로 지역주민 대상 5회에 걸쳐 '에너지 자립 학교'를 운영했습니다. '에너지 자립학교'는 4회의 수업을 통해 에너지 관련 강의, 에너지 자립 우수마을 견학 등을 시행했습니다. 마지막 5회 차 수업에서 '에너지 자립 마을 만들기 실천 아이디어 발굴' 워크숍을 하게 됐습니다. 워크숍과 관련해 고객이 요청한 사항은 "많은 것을 하지 않더라도 돌아갈 때 참여자들이 '내가 직접 실행할 수 있는 아이디어 1가지'를 꼭 생각하고 가져갔으면 좋겠다" 였습니다.

워크숍 개요

구 분	내 용
주 제	에너지 자립 마을 만들기 위한 실천 아이디어 발굴
결과물	에너지 자립 마을에 대한 이해 및 자립 마을을 만들기 위한 아이디어
시 간	2시간
대 상	에너지 자립 학교를 이수한 지역 주민 15명 (60대 전후)
고객 요청사항	작은 아이디어더라도 주민들이 실행할 수 있는 아이템으로 발굴

- 워크숍 Time Table 1 (사전 계획)

시 간	구 분	내 용	준비물
10:00-10:10	오프닝	행정복지센터 관계자 오프닝	
10:10-10:20		아이스브레이킹	아이스브레이킹용 선물 준비 (초코렛 2개) A4용지, 네임펜
10:20-10:35	세션 I	'에너지 자립 마을 만들기'하면 떠오르는 모습은?	그림 카드
10:35-10:45		에너지 자립 마을 정의하기	포스트잇, 네임펜, 전지, 전지 부착용 테이프
10:45-11:05	세션 II	내가 만드는 에너지 자립 마을I (자유발산 - 브레인스토밍)	전지 3장, 포스트잇, 네임펜
11:05-11:30		내가 만드는 에너지 자립 마을II (강제발산 - 랜덤워드)	전지 4장, 포스트잇, 네임펜
11:30-11:40		아이디어 실행문 작성	아바타 활용
11:40-11:45	클로징	소감 공유	
11:45-12:00		행정복지센터 관계자 클로징 및 설문	

워크숍 Time Table 2 (실제 워크숍)

시 간	구 분	내 용	준비물
10:10-10:20	오프닝	행정복지센터 관계자 오프닝	
10:20-10:35		아이스브레이킹	아이스브레이킹용 선물 준비 (초코렛 2개) A4용지, 네임펜
10:35-10:50	세션 I	'에너지 자립 마을 만들기'하면 떠오르는 모습은?	그림 카드
10:50-11:10		에너지 자립 마을 정의하기	포스트잇, 네임펜, 전지, 전지 부착용 테이프
11:10-11:30	세션 II	내가 만드는 에너지 자립 마을I (자유발산 - 브레인스토밍)	전지 3장, 포스트잇, 네임펜
11:30-11:40		아이디어 실행문 작성	아바타 활용
11:40-11:45	클로징	소감 공유	
11:45-12:00		행정복지센터 관계자 클로징 및 설문	

　* 워크숍은 설계했을 때는 **Time Table 1** 이었지만 당일 워크숍을 하면서 진행했던 내용은 워크숍 **Time Table 2** 였습니다. 두 개의 **Time Table**을 비교할 수 있도록 함께 첨부했습니다.

　처음 가는 장소에서 워크숍을 하기에 예정 시간보다 일찍 도착해 장소를 세팅하고 준비했습니다. 워크숍 시작 시간이 됐는데도 참여자들이 도착하지 않았습니다. 2시간의 빠듯한 워크숍 설계로 정해진 시간 안에 설계한 모든 내용을 해야 겠다는 생각에 머리 속이 복잡했습니다. 늦는 참여자들을 체크하면서 시계만 계속 쳐다봤습니다. 그렇게 10분이 지났고 워크숍을 시작할 수 있었습니다. 워크숍은 행정복지센터 관계자의 취지와 참여 독려 스피치로 시작했습니다. 아이스브레이킹으로 '왼손 초상화 그리기'를 화기애애한 분위기 속에서 진행했고 작성한 초상화를 공유해주신 2분께는 사전에 미리 준비한 초콜릿을 선물로 드렸습니다.

첫 번째 세션에서는 4주간 참여한 에너지 자립학교의 경험을 바탕으로 '에너지 자립 마을'을 정의했습니다. 그룹별 그림 카드를 활용했습니다. '에너지 자립 마을'하면 떠오르는 그림 카드를 한 사람당 한 장씩 고르고 각자의 생각을 나누는 시간을 가졌습니다. 그룹에서 나온 내용을 바탕으로 '에너지 자립 마을'을 하나의 문장으로 정의했습니다. 참여자들은 설계 시 생각했던 것 보다 느긋하게 생각을 정리하며 얘기를 나누셨습니다. 퍼실리테이터로서 시간 관리도 중요하지만 참여자들이 몰입해 대화를 나누는 것을 보고 발언을 끊기가 어려웠습니다. 첫 번째 세션이 끝나고 시계를 보니 처음 계획 했던 것보다 25분이 지연됐습니다. 지연된 시간에 대한 대안으로 두 번째 세션에서 예정된 2단계의 발산을 1단계 발산만 하는 것으로 수정했습니다.

두 번째 세션에서는 '에너지 자립 마을' 정의를 바탕으로 '내가 만드는 에너지 자립 마을'을 위한 실천 아이디어를 나누는 시간을 가졌습니다. 생각나는 아이디어를 포스트 잇에 적고 비슷한 아이디어들끼리 그룹을 만들었습니다. 그 중 내가 실행할 아이디어를 선정했습니다. 사람 모양의 아바타 종이에 본인 이름과 실행할 아이디어를 작성했습니다. 작은 아이디어라도 꼭 실행할 아이디어를 작성하도록 했습니다. 전체 공유를 통해 아이디어 실행에 대한 다짐의 시간도 가졌습니다.

클로징 단계에서는 워크숍에 대한 소감을 공유하고 관계자의 마무리 발언으로 워크숍을 종료했습니다.

'시간이 어떻게 가는 지 몰랐다'

'나이가 많아서… 잘 참여할 수 있을지 처음엔 걱정 됐지만 얘기도 많이 하고 좋았다. 재미있었다'

'에너지 자립 마을에 대해 내가 실행할 것을 생각해보고 얘기할 수 있어 좋았다'

워크숍 회고

이번과 워크숍은 처음에 설계한 것 다르게 운영됐습니다. 다수의 참여자가 60세 전후로 쓰는 것보다는 말하기를 선호하는 성향으로 이 부분이 설계에 디테일하게 반영되지 못했기 때문입니다. 자연스럽게 계획보다 시간이 늦어졌고 전체 시나리오를 조정해야 했습니다. 두 번째 세션에 예정된 아이디어 2단계 발산을 생략했습니다. 많은 아이디어를 내는 것 보다 실행할 수 있는 아이디어 중심으로 우선 발산한다면 1단계 아이디어 도출 만으로도 충분할 것이라는 생각이 들었기 때문입니다. 실제로 해보니 1단계 아이디어 발산만으로도 시간도 지연되었습니다. 시간 상 2단계 아이디어 발산을 워크숍에서 다루기 어려웠습니다. 다행히 1단계 발산 만으로도 참여자들이 실행할 수 있는 다양한 아이디어가 발굴할 수 있었고 수정된 Time Table2 대로 워크숍을 마무리 할 수 있었습니다.

워크숍을 마치고 일정을 돌아보니 과거 협동조합을 대상으로 했던 강의 중 대화가 생각났습니다. 워크숍을 퍼실리테이션하는 것

보다 참여자들을 모으는 게 더 힘들다는 내용이었습니다. 지역 주민들을 대상으로 워크숍을 해보니 참여를 강제할 수도 없고, 자발적 참여에 의지해야 하기 때문에 정확한 참여자 수를 예측하는 것이 어렵다는 것을 알게 됐습니다. 정시에 시작이 어려울 경우, 시간 맞춰 오신 분들을 배려할 수 있는 활동을 준비할 필요가 있다는 점 그리고 활동 간 여유 시간을 두고 시나리오를 설계해야겠다는 점에 대해서도 생각할 수 있었습니다.

학교에서의
퍼실리테이션

성공하는 대학 생활을 위한 아이디어 찾기

이번 워크숍은 퍼실리테이션에 대한 이해와 더불어 체험할 수 있는 미니 워크숍을 했으면 좋겠다는 요청으로 시작하게 됐습니다. 워크숍 주제는 해당 과정을 담당한 교수님께서 주셨고 설계 과정에서도 지속적으로 협의를 했습니다.

워크숍 개요

구 분	내 용
주 제	성공하는 대학 생활을 위한 아이디어 찾기
결과물	성공하는 대학 생활에 대한 정의 및 실행 아이디어 발굴
시 간	3시간
대 상	아동청소년지도과 학생 23명
고객 요청사항	즐겁게 참여할 수 있는 분위기면 좋겠고, 퍼실리테이션이 무엇인지 알아 갈 수 있었으면 좋겠음

워크숍 Time Table

시간	구분	내용	준비물
13:00-13:10	오프닝	워크숍 개요, 아이스브레이킹	아이스브레이킹용 선물 준비(초코렛 3개)
13:10-13:25	세션 I	성공하는 대학 생활 하면 떠오르는 이미지는?	미스터리 백
13:25-13:35		성공하는 대학 생활 정의하기	포스트잇, 네임펜, 이젤패드
13:35-14:05	세션 II	내가 대학을 졸업할 때 나의 모습은 어떤 모습일까? (리치픽처)	이젤패드, 크레파스 (색연필 등)
14:05-14:20	세션 III	대학 생활을 망칠 수 있는 아이디어는? (Reverse BrainStorming)	이젤패드, 3색 보드마커 (검정, 빨강, 파랑), 선물(사탕 2봉지)
14:20-14:45		성공적인 대학 생활을 위한 아이디어는? (BrainStorming, 공유, 그룹핑하기)	이젤패드, 포스트잇, 네임펜
14:45-15:00		쉬는 시간	
15:00-15:15	세션 IV	아이디어 평가하기 (실행가능성, 효과성 등)	이젤패드
15:15-15:30		아이디어 정리하기 (Pay-off Matrix)	이젤패드
15:30-15:50	세션 V	내가 실행할 아이디어 선정해서 작성하기	아바타, 마커, 크레파스 (색연필 등)
15:50-16:00	클로징	소감 공유	

아이스브레이킹으로 '미스터리 백'을 활용했습니다. '미스터리 백'은 주제에 대해 말하고 싶은 내용을 물건에 대입해 표현하는 활동 입니다.

'미스터리 백' 진행 방법

1. '미스터리 백'을 조별로 1개 씩 주머니를 나눠준다

2. 주머니 속의 소품을 돌아가면서 1개를 뽑고 물건의 모양, 특징, 속성을
   주제(성공하는 대학 생활)와 연관 지어 설명한다

   예시) 집게 - 주제에 대한 다양한 생각들을 집게처럼 정리할 수 있는
   시간이라 좋았음

3. 생각이 나지 않을 경우 소품을 한 개를 더 꺼내 2)의 과정을 시행한다

4. 조 내에서 가장 참신한 설명을 한 사람을 선정해 전체 공유한다

'미스터리 백' 활동 후 조에서 나온 얘기들을 종합 해 '성공하는
대학 생활'이 무엇인지 한 문장으로 정의했습니다.

두 번째 세션에서는 '성공하는 대학 생활'에 대한 정의를 염두

퍼실리테이션을 만나다

해 두고, '졸업할 때 나의 모습'은 어떤 모습일지 상상하면서 떠오르는 이미지들을 전지에 그렸습니다. 이 활동은 '리치 픽처'라는 활동 입니다. '리치 픽처'는 복잡한 상황의 숨겨진 이슈를 그래픽 퍼실리테이션을 이용해 찾아내는 기법입니다. 그림, 스케치, 상징이나 부호 등을 이용해서 이미지로 표현합니다. 조별 한 장의 그림을 작성하고 결과를 전체 공유했습니다. 즐거운 미래 모습을 상상하면서 자연스럽게 에너지를 올리는 효과를 낼 수 있었습니다.

세 번째 세션은 '리버스 브레인스토밍(Reverse Brainstorming)'을 시행했습니다. '리버스 브레인스토밍'은 3장에서 다룬 방법입니다. '대학 생활을 망치는 방법은?', '대학 생활 동안 절대 하면 안될 것은?' 등과 같이 주제를 뒤집은 질문을 했습니다. 옳고 그름이 아니라 머리 속에 생각나는 아이디어들을 자유롭게 낼 수 있도록 참여자들을 독려했습니다. 학생들은 처음에는 낯설어 했지만 평소에 생각만 했던 자유로운 일탈들을 아이디어로 쏟아냈습니다. 결과물을 함께 공유하면서 워크숍의 분위기도 즐겁게 만들 수 있었습니다. 다시 처음 주제로 돌아와 '성공하는 대학 생활을 위한 아이디어'를 도출했습니다. '브레인스토밍' 원칙에 준해 다양한 아이디어를 생각했습니다. 아이디어를 내기 어려울 경우 앞서 도출한 '역발산 브레인스토밍'의 결과물을 참고해 작성했습니다. 비슷한 아이디어끼리 그룹을 만들고 그룹에 이름을 만들었습니다. 이 과정을 통해 어떤 그룹의 아이디어가 많은 지 또 참여자들이 관심이 있는지 확인할 수 있었습니다.

잠시 쉬는 시간을 갖고 아이디어를 평가하는 시간을 가졌습니다. 평가 기준은 효과성(이 아이디어를 채택을 했을 때의 효과, 결과만을 고려)과 실행가능성(실행이 쉬운지, 실행이 가능한지)으로 선정 했습니다. 각 기준을 고려해 10점 만점으로 점수를 부여했습니다. 효과성과 실행가능성이 높은 경우 각 10점 만점을 부여했습니다. 각 점수를 가로, 세로 좌표로 하여 매트릭스를 그려 어떤 아이디어를 의사 결정하는 게 좋을 지 한 눈에 볼 수 있도록 했습니다.

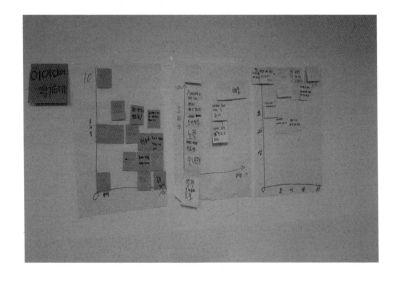

마지막 시간에는 매트릭스를 보고 내가 실행할 아이디어를 선정해 아바타를 만들어 실천다짐 하는 시간을 가졌습니다. 각자의 실행 아이디어를 공유하고 격려하면서 워크숍을 마무리 했습니다.

퍼실리테이션을 만나다

워크숍 참여자 소감

'대학 생활에 대한 계획을 세우는 시간이 된 것 같아 좋았다'

'단기적으로만 생각했는데 졸업을 생각하니 좀 더 시야가 넓어지는 것 같았다'

'혼자만 하는 것이 아니라 다같이 참여할 수 있어 좋았다.'

워크숍 회고

워크숍을 총평하자면 계획보다 빠르게 진행됐지만 뭔가 허전한 워크숍이었습니다. 20분으로 설계한 '내가 대학을 졸업할 때 나의 모습은 어떤 모습일까?'를 그림으로 표현하는 활동이 15분이 채 안 돼서 끝났기 때문입니다. '성공적인 대학 생활을 위한 아이디어는?' 이라는 주제의 아이디어 발산도 15분만에 끝났습니다. 다행히도 워크숍을 요청하신 교수님께서 결과물을 보고 주신 피드백과 참여자들의 만족도는 높았습니다. 워크숍에서 나온 아이디어의 질이나 양에서 아쉬운 면도 없었습니다. 그렇지만 설계한 것보다 빠르게 진행되어 3시간 워크숍에서 25분이나 빨리 끝난 것은 설계가 잘못되었다고 느낄 수 밖에 없었습니다. 자유로운 아이디어를 내고 다양한 활동에 쉽게 참여하는 학생들을 보면서 워크숍을 보다 촘촘하게 설계해야겠다는 생각이 들었습니다.

워크숍 이후 타 학과의 요청으로 같은 워크숍을 퍼실리테이션하게 됐습니다. 타 학과 워크숍에서는 '성공하는 대학 생활을 위한 아이디어'를 발굴하기 전 나의 현재 상황을 분석하는 시간을 추가했습니다. 현재 상황에서 이상적인 상황(성공하는 대학 생활)과의 갭을 찾고 이를 극복하기 위해 어떤 활동을 할 수 있는지 아이디어를 냈습니다. 현재 상태라는 기준점이 있어 보다 구체적으로 실행할 수 있는 아이디어를 도출할 수 있었고 워크숍도 정시에 끝낼 수 있었습니다.

퍼실리테이션과 독서의 만남

북퍼실리테이션

'어떻게 하면 퍼실리테이션을 일상 속에 더 접목할 수 있을까?' 라는 고민을 하다 2017 IAF CPF인 송원상 퍼실리테이터님이 운영하는 "북퍼실리테이션" 스터디에 참여했었습니다. 단순하게 책과 퍼실리테이션을 접목한다고 생각했었는데 참여자간 소통을 통해 통찰을 이끌어 내는 과정이 너무 인상 깊었습니다.

> 북퍼실리테이션은 구성원 모두가 집단지성의 상호작용으로 집단학습 프로세스와 기법을 사용하여 책의 키워드와 구조를 파악하고 다양한 관점과 정보들을 연결해서 논리적인 판단과 입체적인 사고를 활성화한다. 이 과정에서 구성원 개개인은 읽기, 말하기, 쓰기의 표현 방법과 질문과 경청의 소통 방법을 습득해서 창의적인 문제해결 능력을 갖추게 된다.
>
> 송원상 (IAF_CPF 국제공인퍼실리테이터. 북퍼실리테이션 디자이너)

당시 참여 대상은 HRD 관련 업무를 하는 사내 담당자, 강사, 퍼실리테이터 등 다양한 분야의 전문가들이이었습니다. 책을 읽고 각자 파트를 나눠 공유할 부분을 키워드 중심으로 요약했습니다. 요약한 결과물을 같은 파트를 읽은 그룹원들과 토의하면서 시스템 씽킹*을 적용해 정리했습니다. 파트별 활동이 끝나면 전체 결과물을 함께 공유하면서 책의 내용을 나누는 시간을 가졌습니다. 책의 내용 가운데 참여자들의 경험이 있는 부분은 함께 공유했습니다. 책의 이론과 참여자들의 실전 사례들을 접목할 수 있는 시간이 인상 깊었습니다. 책의 내용을 공유하고 토의하면서 책을 2~3번 읽는 것 같아 '정말 책을 읽었구나!'라는 생각이 들었습니다. 스터디를 마치고 '내가 운영하는 퍼실리테이션 스터디에 적용해보면 어떨까?'하고 고민했습니다. 그리고 2018년 초부터 운영하고 있는 스터디에 '북 퍼실리테이션'을 적용했습니다.

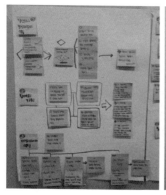

---

* 시스템씽킹이란 시스템의 구성요소가 상호 연관되는 방식과 시스템이 시간이 지나면 더 큰 시스템의 맥락에서 작동하는 방식에 중점을 두는 전체론적 접근법을 의미한다.

퍼실리테이션을 만나다

먼저 스터디 할 책을 선정하고 스터디 참여자를 모집했습니다. 참여자가 모집되면 책의 내용과 분량을 고려해 참여자 수에 맞게 발표할 부분을 분배했습니다. 희망하는 파트를 사전에 투표로 선정해 미리 준비할 수 있도록 했습니다. 스터디 당일에는 모여 간단한 아이스브레이킹을 진행한 후 각자 맡은 파트를 키워드 중심으로 정리했습니다. 스터디에서는 시스템 싱킹을 적용하기엔 이에 대한 이해가 필요할 것 같아 키워드 간 연관도를 그리는 것으로 대체했습니다.

추가적으로 책을 읽으면서 궁금했거나 함께 나누고 싶은 내용이 있으면 포스트 잇에 작성해 나누는 시간을 가졌습니다. 예를 들면 『민주적 결정 방법론』이라는 책을 스터디 할 때 나왔던 질문은 '퍼실리테이터의 개입은 어디까지인가?', '지속 가능한 동의란 무엇일까?', '사고 심화에서 열정적 관여가 일어나는 이유는 무엇일까?' 등 입니다. 퍼실리테이션 초보자부터 베테랑 참여자까지 다양하게

참여해 각자의 경험과 생각들을 나눴습니다. 덕분에 스터디 시간이 보다 풍성해질 수 있었습니다. 추후 예정된 스터디에서도 지속적으로 적용해 책 읽기를 할 예정입니다. 책읽기와 퍼실리테이션을 접목해 보고 싶다면 시도해보면 좋을 것 같습니다.

4장을 마무리하며…

 이번 장에서 새롭게 알게 되거나 배운 것은 무엇인가요?

 이번 장에서 영감을 얻은 아이디어가 있다면 무엇인가요?

가장 기억에 남거나 인상 깊었던 내용은 무엇인가요?

다음 워크숍에 적용해보고 싶은 것이 있다면 무엇인가요?

어떤 퍼실리테이터가 되고 싶나요?

이 책을 쓰면서 처음 퍼실리테이션을 했을 때를 떠올렸습니다. 막연하게 사람들이 결과물을 잘 만들 수 있도록 도와주는 퍼실리테이터가 되고 싶다는 생각을 했었습니다. 3~4년이 지났을 무렵에는 다양한 도구와 툴을 활용할 줄 아는, 2015년 IAF CPF를 취득하고 나서는 인증 자격에 걸맞은 전문성 있는 퍼실리테이터가 되고 싶었습니다.

2017년 IAF 아시아 컨퍼런스에 참여를 통해 '나는 어떤 퍼실리테이터가 될 것인가?'에 대해 다시 생각해보게 됐습니다. 당시 참여했었던 세션에는 퍼실리테이션 연차 별로 줄을 서고 나는 현재 퍼실리테이터로서 어느 단계에 와있는지 생각해보는 시간이 있었습니다. 본인이 어떤 단계에 있는지 파악이 되면 그 단계의 특징이나 고민은 어떤 것이 있는지 떠오르는 내용들을 작성했습니다. 그리고 돌아가면서 단계별로 어떤 도움이 필요하거나 도움을 줄 수 있는지 서로 의견을 주는 시간을 가졌습니다. 짧게는 6개월, 길게는 40년 이상 경력의 퍼실리테이터들과 퍼실리테이션 단계별 경험과 고민 그리고 성찰들을 나누면서 퍼실리테이터로서 나를 돌아보는 시간을 가질 수 있었습니다. 짧았지만 다른 퍼실리테이터들과 상호 작용하면서 '다른 사람들에게 영감을 주는 퍼실리테이터'가 되고 싶다는 생각이 들었습니다. 그리고 지금도 그 생각은 변함이 없습니다.

그때를 시작으로 워크숍 퍼실리테이션과 관련한 제 경험들을 함께 나누고 싶었습니다. 그 경험이 다른 사람들에게 영감을 주면 좋겠다고 생각했습니다. 블로그를 시작했고 책을 쓰게 되었습니다. 다음 스텝을 생각한다면 '온라인 퍼실리테이션'일 것입니다. COVID 19가 가져온 사회 전반적인 변화이지만 이 변화를 바탕으로 성장한 온라인 퍼실리테이션 경험과 기회들은 COVID 19가 끝나도 지속 될 것입니다. 온라인과 오프라인을 병행해 다양한 형태로 워크숍 퍼실리테이션이 시행될 것이라고 생각합니다. '영감을 주는 퍼실리테이터'가 되기 위해 '어떻게 온오프라인의 퍼실리테이션을 잘 융합할 것인가'에 대해 고민하고 다음을 준비하고 있습니다.

이 책을 읽고 계신 여러분은 어떤 퍼실리테이터가 되고 싶나요?

부록

[부록 1] 추천 도서

워크숍 퍼실리테이션 추천 도서

컨센서스 워크숍 퍼실리테이션_ 브라이언 스탠필드 저, 이영석 옮김_ORP PRESS
워크숍 퍼실리테이션 시 많은 퍼실리테이터가 선호하는 합의형성기법(Consensus Workshop Method)에 대해 다루고 있는 책입니다. 구체적인 사용 방법과 사례 등을 통해 CWM의 철학과 그 의미에 대해 생각해 볼 수 있습니다.

퍼실리테이터_채홍미, 주현희_아이앤유
퍼실리테이션 입문서로 처음 퍼실리테이션을 하는 사람들이 읽기 좋은 책입니다. 워크숍 프로세스를 중심으로 사례와 내용들을 쉽게 다루고 있어 쉽게 이해할 수 있습니다.

퍼실리테이션 도구 및 방법 관련 추천 도서

게임스토밍_데이브 그레이 외 2명, 정진호 외 1명 옮김_한빛미디어
게임을 창의적 아이디어 발산과 연계해 풀어 놓은 책입니다. 게임스토밍의 핵심기술과 분야별 게임(방법)을 86가지의 회의 노하우와 전략으로 풀어서 설명하고 있습니다.

생각하는카드_이명석_홍시
일상 속에서도 쉽게 활용할 수 있는 생각 촉진 기법들을 다룬 책입니다. 68가지 생각 도구들을 사례와 함께 다뤘습니다. 워크숍 시 활용할 수 있도록 생각하는 카드를 만들 수 있는 자료가 포함되어 있습니다.

퍼실리테이션 테크닉65_ 호리 기미토시, 임해성 옮김_ 비즈니스 맵
퍼실리테이션의 방법과 스킬을 주로 다룬 책입니다. 전반부에는 퍼실리테이션 정의와 활용 분야에 대해 후반부에는 스킬 위주로 설명이 되어 있습니다.

질문 관련 추천 도서

혁신가의 질문_박영준_북샵일공칠
퍼실리테이터로서 '어떤 질문을 해야 하지?' 어떤 질문이 좋은 질문일까?' 고민된다면 읽어봐야 할 책입니다. 왜 다르게 질문해야 하는지 다르게 질문하면 어떤 것이 다를지, 그리고 질문을 질문답게 만드는 내용에 대해 다루고 있습니다.

굿 퀘스천(좋은 대화는 질문에서 시작한다)_아와즈 교이치로, 장미화 옮김_이새
'질문의 차이가 인생의 차이를 만든다'라는 언급에서 '질문의 차이가 워크숍 퍼실리테이션의 차이를 만든다'라는 문장이 떠오르게 만든 책입니다. 코치이자 질문하는 일을 업으로 삼아온 저자가 좋은 질문과 좋은 질문을 만드는 법에 대해 설명하고 있습니다.

사내 퍼실리테이터, HRD담당자, 리더 대상 추천 도서

회의문화 혁신_최익성_플랜비디자인
사내에서 이루어지고 있는 다양한 회의의 유형과 사례를 설명하고 있는 책입니다. 가짜 회의가 아닌 진짜 회의를 하기 위해서 어떤 요소들이 어떻게 바뀌어야 하는 지에 대해 다루고 있습니다.

반영조직_구기욱_쿠퍼북스
사내 퍼실리테이터가 있는 조직이거나 퍼실리테이션을 조직 개발 차원에서 접근한다면 읽어봐야 할 책입니다. 구성원들이 어떻게 목소리를 내고 조직에 참여하는지, 나아가 반영조직을 지향하는 지 담고 있습니다.

퍼실리테이션을 만나다

[부록2] 워크숍 퍼실리테이션 도구 추천

1) 이젤패드

활용방법	워크숍 퍼실리테이션의 결과물, 아이디어 작성 시 쓰는 대형 사이즈의 포스트 잇
추천사유	별도의 테이프가 없어도 작성 후 바로 벽에 부착할 수 있음 (상품명 '559'의 경우 흰색의 무지 디자인으로 가장 많이 쓰임)
구매처	포털사이트에서 '이젤패드' 검색

* 이젤패드를 세우는 이젤 스텐드를 같이 활용하기도 하며, 테이블에 놓는 작은 사이즈의 '이젤패드, 테이블탑'도 많이 활용함 장당 900원 내외로 현장에서는 전지를 대용으로 많이 활용함

2) 스티키 월(Sticky Wall)

활용방법	임시 고정용 스프레이 접착제(3M 75번)를 뿌린 후, 종이를 포스트 잇처럼 자유롭게 붙이고 뗄 수 있음. 회의 및 워크숍 진행 시 참가자들의 의견을 게시하고 공유하는 도구
추천사유	반복해서 탈부착이 가능해 아이디어를 자유롭게 옮기거나 추가할 수 있음 아이디어를 부착해 시각적 효과를 극대화해 양질의 토의가 진행될 수 있음
구매처	ORP연구소 내 한국 ToP 퍼실리테이션 센터 http://www.facilitationshop.com/

* Top Sticky Wall은 국제적으로는 ICA(The Institute of Cultural Affairs)가 국내에서는 ORP연구소가 실용신안권을 갖고 있음

3) 마커

활용방법	워크숍 준비 및 퍼실리테이션 시 기록 도구
추천사유	마커의 끝에 각이 져 있어 다른 마커로 쓰는 것 보다 글씨를 예쁘게 쓸 수 있음. 가격이 비쌈 (마커 한 개당 2,900원 내외)
구매처	노이란트 코리아 https://creativemaker.kr/

* 자바 POP 마커(개당 600원 내외)가 상대적으로 저렴해 퍼실리테이션 현장에서 자주 활용

4) 워크숍 비쥬얼 카드(도형카드)

활용방법	회의나 워크숍에서 아이디어를 작성하고 참여자들과 공유하는데 활용
추천사유	다양한 크기와 모양, 색깔이 있어 용도에 맞게 활용가능 워크숍 결과물 작성 및 공유에 보다 효과적으로 활용할 수 있음
구매처	워크숍 몰 http://www.facilitationshop.com

* 수작업으로 만들 수도 있지만 구매를 통해 워크숍에서 간편하게 활용 가능
'2)스티키 월' 과 함께 워크숍에서 활용하면 효과적임

5) 그림 카드(이미지 카드)

활용방법	워크숍의 주제나 질문 등의 생각을 그림으로 쉽게 표현하고 싶을 때 활용 참여자들이 말을 하지 않는 상황(무슨 말을 해야 할 지 모르거나, 어색한 상황 등)에서 그림에 빗대서 말하도록 할 수도 있음
추천사유	사이즈가 커서 이미지카드를 공유하는 활동도 원활하게 할 수 있음 타 이미지카드 대비 저렴하지는 않지만 카드 재질이 좋고 활용도가 높아 장기적인 관점에서 보면 합리적인 가격
구매처	인피플 컨설팅 https://www.inpeople.co.kr/

6) 미스터리 백

활용방법	새롭거나 창의적인 아이디어를 발산해야 할 때 활용
추천사유	인피플 컨설팅워 퍼실리테이션 노하우가 담긴 다양한 소품들이 들어있어 구매 후 바로 활용할 수 있음
구매처	인피플 컨설팅 https://www.inpeople.co.kr/

* 개인이 직접 만들 경우 참여자 수의 2배 이상의 소품을 준비해서 활용

7) 단어 프리즘(단어 주머니)

활용방법	단어를 통해 생각을 촉진할 때 활용 아이스 브레이킹 시 자기소개 도구로 활용 가능 아이디어 강제 발산 시 랜덤워드(Random Word) 도구로 활용
추천사유	82개의 쉬운 단어로 구성되어 있어 어떤 워크숍에서든 활용 가능 나무로 만들어져 내구성이 좋음
구매처	학토재 행복가게 https://www.happyedumall.com/main/inde

8) 아바타 카드(스티커)

활용방법	아이스 브레이킹 시 자기소개 도구로 활용 가능 아이디어 실천 방법이나 소감 작성시에도 활용 가능(20장 참고)
추천사유	사이즈가 크고 스티커로 되어 있어 다양하게 활용 가능 (명찰 대용, 팀빌딩 용도 등)
구매처	HRD#(에이치알디샵) https://www.hrdsharp.com/main/main.php

9) 신호등 카드

활용방법	빠른 의사결정이나 참여자들의 동의 정도를 한 눈에 확인할 때 활용
추천사유	코팅 재질이라 활용하기 용이함 색깔 외에 영어로도 카드의 의미가 써 있어 외국어 워크숍에서도 활용 가능
구매처	쿠퍼네 교구판매 https://smartstore.naver.com/koofa

10) 큐브 타이머

활용방법	워크숍 퍼실리테이션 시 타이머로 활용(5분, 15분, 30분, 60분)
추천사유	별도의 타이머 세팅 없이도 해당 시간을 위로 향하게 두면 자동으로 시간 세팅 후 알람 울림
구매처	포털 사이트에서 '큐브 타이머' 검색

퍼실리테이션을 만나다

[부록 3] 워크숍 퍼실리테이션 방법

	이름	사용 방법
1	000이 사람이라면?	P 162
2	10점 만점에 10점	P 247
3	GROW 모델	P 201
4	HMW	P 199
5	KJ법	P 179
6	Role-play (역할극)	P 219
7	Talking chip	P 216
8	Who/What/How	P 186
9	공감지도	P 248
10	귀로 그리는 그림	P 146
11	그림 카드	P 145
12	나의 온도는?	P 157

13	내가 만약 OOO이라면?	만약의 상황을 가정해 다른 관점에서 상황을 인식하거나 아이디어를 도출하는 활동 * 진행방법 1) 나와 연관이 없는 직업 한 가지를 생각해봅니다 2) 그 직업이 하는 일, 특징, 필요한 역량, 환경 등을 생각해봅니다. 3) 내가 만약 그 직업을 가진 사람이라면 이 문제/상황을 어떻게 해결할지 생각해봅니다 예시) 내가 만약 '유튜버'라면 이 문제를 어떻게 해결할 것인가요?
14	다중투표 (Multi Voting)	P 225
15	도트모크라시 (Dotmocracy)	P 118
16	랜덤 워드	P 171
17	리버스 브레인스토밍	P 169
18	리치픽처	P 277

　퍼실리테이션을 만나다

19	만다라트	'연꽃만개법' 이라고도 불리며 아이디어를 다양하게 발상해 나가는데 도움을 주는 활동 * 진행 방법 1) 9X9 칸의 종이를 준비합니다. 2) 종이의 한 가운데 주제나 키워드를 적습니다.. 3) 주제/키워드 칸을 둘러싼 8칸에 떠오르는 대표 아이디어나 그룹명을 적습니다. 4) 3)에서 작성한 내용을 중심으로 구체적인 아이디어나 구성요소들을 작성합니다. 예시) 활용 예시) 독서모임에서 『82년생 김지영』을 읽고 드는 생각과 줄거리를 요약
20	미스터리 백	P 275
21	브레인스토밍	P 166
22	비즈니스 모델 캔버스	P 187

23	사분면 그리기 (2X2매트릭스)	P 181
24	신호등 카드	P 149
25	아바타	P 238
26	아이디어 구체화 모델 I	P 188
27	아이디어 구체화 모델 II	P 189
28	여섯 색깔 모자	P 220
29	역장분석	P 207
30	왼손 초상화 그리기	P 142
31	월드카페	카페에서 자유롭게 대화를 나누는 것처럼 그룹으로 나뉘어 여러 주제를 두고 토론하며 지식을 공유하는 활동 * 진행 방법 1) 세팅 : 카페와 같은 느낌으로 여러 개의 세팅 합니다. 동그란 테이블에 테이블보 꽃 등을 세팅하고 가운데 큰 종이와 펜을 둡니다 2) 테이블 별로 주제나 질문을 선정하고, 리더를 뽑습니다. 3) 테이블에 리더가 있어 리더의 질문을 중심으로 정해진 시간동안 대화를 나눕니다. 이 때 떠오르는 생각이나 그림 등을 테이블 위의 종이에 자유롭게 기록합니다 4) 일정 시간이 지나면 리더만 남고 팀원들은 각기 흩어져 다른 테이블로 이동합니다. 5) 리더는 새로운 팀원들을 환영하고 앞선 대화에서 어떤 얘기들이 나왔는지 요약해 설명합니다. 3)과 같은 방식으로 질문을 하고 대화를 이어갑니다. 6) 필요에 따라 3)~5)의 과정을 반복해서 진행합니다 7) 마지막에 맨 처음 팀으로 돌아가 지금까지 나온 얘기를 리더 중심으로 공유합니다. 팀원들은 추가 사항이 있을 경우 대화를 나누고 최종 결과물을 전 참여자에게 공유합니다.

퍼실리테이션을 만나다

		* 주요 원칙 : 카페처럼 편안한 공간을 만들고, 모든 참여자들이 다양한 관점에서 자유롭게 참여할 수 있도록 합니다. 질문을 바탕으로 나눈 경험/발견들을 서로 경청하고 연결합니다. 사진 및 방법 출처 : http://www.theworldcafe.com/key-concepts-resources/world-cafe-method/
32	이해 관계자 가치 지도	아이디어와 관련된 이해 관계자와 가치들을 지도로 그려 한 눈에 파악하는 활동 * 진행 방법 1) 종이의 한 가운데 아이디어의 중심이 되는 관계자를 적습니다. 2) 관계자를 중심으로 연결된 이해 관계자들을 주변에 적습니다. 3) 작성한 이해관계자들이 아이디어와 관련해 서로 어떤 가치들을 주고 받는지 화살표로 작성합니다 4) 주고 받는 가치가 없을 경우 아이디어 실행을 위해 어떤 가치를 주면 좋을지 작성합니다. 5) 아이디어 구체화를 할 때 참고해 활용합니다. 활용 예시) 떡볶이 가게의 이해 관계자 가치 지도 - 이해 관계자 가치 지도 심화 제작 시, 손님과 떡 공장, 손님과 직원 등 각 이해관계자들간의 주고 받는 가치를 연결할 수 있습니다.
33	중요도로 나열하기	P 183

34	집중대화기법 (ORID)	P 197
35	최종 대안 투표 (Green Dot Voting)	P 226
36	크레이지 에이트	가장 효과적이라고 생각하는 아이디어를 8분 안에 8가지로 변형하여 스케치하는 활동 * 진행 방법 1) 참여자 각자가 A4용지 한 장을 8칸이 되도록 세 번 접습니다. 2) 1분 간 첫 번째 칸에 아이디어를 스케치 합니다. 3) 1분이 지나면 두 번째 칸에 새로운 아이디어를 스케치 합니다 4) 8칸을 다 채울 때까지 반복해서 진행합니다. 5) 활동이 끝난 후 새로운 아이디어가 있는지 확인합니다. * 이 때, 크레이지는 아이디어의 내용이 아니라 속도를 말합니다. 그림 예시) 참고 : 『SPRINT 스프린트』, 제이크 냅, 존 제라츠키, 브레이든 코위츠, 김영사
38	프레이밍	P 184
39	플로우 차트	P 182
40	피쉬본(Fishbone) 다이어그램	P 158
41	협력 매트릭스	P 221

퍼실리테이션을 만나다

[부록 4] 온라인 퍼실리테이션을 위한 툴

구글독스(Google Docs)

구글의 웹 기반 서비스로, 워드 프로세서, 스프레드시트, 프레젠테이션, 그림 등 편집 및 뷰어 기능을 이용할 수 있습니다. Google 문서로 어디서나 문서를 작성, 수정할 수 있으며, 한 문서에서 여러 명이 동시에 작업을 할 수 있습니다. 또 Android 앱을 종료하지 않고 Google 검색에서 이미지, 인용문, 텍스트 검색하고 사용할 수 있습니다.

https://www.google.com/intl/ko_KR/docs/about/

노션(Notion)

스타트업 협업 툴로 개발된 맞춤형 소프트웨어. 메모, 작업, 위키, 데이터베이스 등을 하나의 공간에서 작업이 가능합니다. 파일(동영상, 이미지, PDF, MS 오피스)을 간단하게 공유할 수 있으며, 무료 서비스 이용만으로도 페이지 이용에 제한이 없다는 장점이 있습니다.

https://www.notion.so/

리노잇(Linoit)

간단한 메모나 할 일, 아이디어나 사진을 온라인상의 Web캔버스 입니다. 메

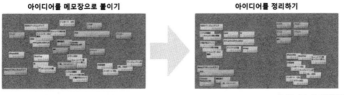

출처 : Linoit 홈페이지

모장처럼 자유롭게 붙였다가 옮겨서 정리하는 등 누구나 간단하게 할 수 있는 무료 웹 메모장 서비스입니다.

https://ko.linoit.com/

뮤럴(Mural)

브레인 스토밍과 아이디어를 공유하는 데 효과적인 플랫폼 입니다. 디지털 화이트보드를 이용해 원격으로 아이디어를 제안할 수 있습니다. 공유된 뮤럴에 텍스트, 포스트 잇 이미지, 비디오, 그림을 추가할 수 있으며 브레인 스토밍과 계획 수립에 도움을 주는 템플릿, 투표 기능도 지원합니다.

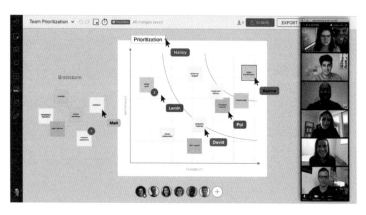

https://www.mural.co/

잔디(Jandi)

파일 다운로드 기한이 무제한으로 파일 공유가 잦은 회의 시 권장하는 플랫폼입니다. 주제별 대화방, 디테일한 파일 관리 필터링 기능 - 파일을 업로드한 멤버, 파일 타입 등)가 가능합니다. 구글 캘린더, 자라, 트렐로 등의 외부

서비스 연동이 가능한 서비스입니다.

https://www.jandi.com/

잼보드(Jamboard)

구글에서 무료로 제공해주는 서비스입니다. 포스트 잇, 객체 삽입 있으며 참
여자들에게 링크를 보내는 것만으로 작업에 함께 참여할 수 있습니다.

https://gsuite.google.com/products/jamboard/

줌(Zoom)

가장 많이 사용하는 화상 회의 서비스로 최대 1000명이 이용할 수 있습니
다. 무료로 100명의 참석자가 참여할 수 있는 40분 회의를 이용할 수 있습
니다. 회의 도중에 채팅이나 화상 자료를 띄울 수 있으며, 비디오로 녹화 기
능도 있습니다. 소규모 회의실, 주석, 손 흔들기, 투표 등 간단한 기능들을 통
해 참여적인 운영도 할 수 있습니다.

https://www.zoom.us/meetings

팀즈(Teams)

마이크로소프트에서 제공하는 기업 업무에 최적화된 통합 커뮤니케이션 및
공동 작업 플랫폼입니다. 화상/오디오 회의가 가능하며, 회의 창에 화이트보
드를 열고 의견을 나눌 수 있습니다. MS 오피스 문서를 별도의 소프트웨어
설치 없이 생성하거나 편집 가능하며 구글 드라이브나 드롭박스, 박스, 쉐어
파일 등 외부 클라우드 서비스 지원합니다.

https://www.microsoft.com/ko-kr/microsoft-365/microsoft-teams/
group-chat-software

패들릿(Padlet)

직관적인 서비스로 스마트 폰에서도 쉽게 사용할 수 있습니다. 다양한 템플릿이 있으며 동시에 접속해 각자의 결과물을 만들고 모두의 결과물을 바로 확인할 수 있습니다. 구글 크롬으로 이용 시 별도 프로그램을 설치하지 않아도 되며, 교원으로 선택 시 6개까지 무료로 사용할 수 있습니다.

https://ko.padlet.com/

페어덱(Pear Deck)

참여자(학습자)들의 스마트 기기 화면을 공유하고 실시간 답안을 제출할 수 있는 서비스입니다. 참여자들은 별도의 소프트웨어를 설치하지 않아도 되며 기본코드만 누르고 이용 할 수 있습니다.구글과 마이크로소프트 계정으로 로그인 할 수 있으며, 구글 슬라이더에서 Pear Deck 기능을 이용할 수 있습니다.

https://www.peardeck.com/

[부록 5] IAF 핵심 역량*

Category	Explain
Create Collaborative Client Relationships	A1. Develop working partnerships
	A2. Design and customize applications to meet client needs
	A3. Manage multi-session events effectively
Plan Appropriate Group Processes	B1. Select clear methods and processes that:
	B2. Prepare time and space to support group process
Create and Sustain a Participatory Environment	C1. Demonstrate effective participatory and interpersonal communication skills
	C2. Honor and recognize diversity, ensuring inclusiveness
	C3. Manage group conflict
	C4. Evoke group creativity
Guide Group to Appropriate and Useful Outcomes	D1. Guide the group with clear methods and processes
	D2. Facilitate group self-awareness about its task
	D3. Guide the group to consensus and desired outcomes

---

* IAF 공식 홈페이지 https://www.iaf-world.org/site/

Build and Maintain Professional Knowledge	E1. Maintain a base of knowledge
	E2. Know a range of facilitation methods
	E3. Maintain professional standing
Model Positive Professional Attitude	F1. Practice self-assessment and self-awareness
	F2. Act with integrity
	F3. Trust group potential and model neutrality

참고 도서

2020 트렌드코리아 | 김난도, 전미영, 최지혜, 이향은, 이준영 외 4명

반영조직 | 구기욱

컨센서스 워크숍 퍼실리테이션 | 브라이언 스태필드, 이영석 옮김

첫인상 5초의 법칙 | 한경

경영 2.0 : 이야기에서 답을 찾다 : 스토리로 배우는 미래 경영 트렌드 | 곽숙철

어댑티브 리더십(Adaptive Leadership)2_방 안의 코끼리 | 로널드 A. 하이페츠 2명, 진저티 프로젝트 출판팀 옮김

소통을 디자인하는 리더 퍼실리테이터 | 채홍미, 주현희

Business Model Generation 비즈니스 모델의 탄생 | 알렉산더 오스왈더, 예스 피그누어, 유효상 옮김

ToP퍼실리테이터의 특별한 대화법 _집중대화기법 | 브라이언 스태필드, 이영석, 유희재 옮김

혁신가의 질문 | 박영준

Game Storming 게임스토밍 | 데이브 그레이서니, 브라운 외 1명, 정진호 외 1명 옮김

민주적 결정 방법론 | 셈 케이너, 레니 린드 외 3명, 구기욱 옮김

창조적 발상의 기술 | 다카하시 마코토 정영교 옮김

생각이 솔솔~ 여섯 색깔 모자 | 에드워드 드 보노, 정대서 옮김

생각하는 카드 | 이명석

퍼실리테이션 테크닉65 | 호리 기미토시 임해성 옮김

굿 퀘스천(좋은 대화는 질문에서 시작한다) | 아와즈 교이치로, 장미화 옮김

회의문화 혁신 | 최익성

SPRINT 스프린트 | 제이크 냅, 존 제라츠키 외 1명, 박우정 옮김

참고 사이트

워크넷, 한국직업사전 https://www.work.go.kr/

한국퍼실리테이터협회 https://www.facilitator.or.kr:448/main/

국제퍼실리테이터협회 https://www.iaf-world.org/site/

한경리크루트, 2020.02.12 신문 기사 의사소통과 목적달성을 위한 탁월한 설계자

http://www.hkrecruit.co.kr/news/articleView.html?idxno=19271

아이디어 고릴라 http://www.ideagorilla.com/

도트모크라시 Dotmocracy.org

질문학교페이지 https://www.facebook.com/groups/Qartschool/

그래픽퍼실리테이션 자료 www.Picturestalk.net

스트렝스가든 http://www.strengthgarden.co.kr/

월드카페 http://www.theworldcafe.com/

참고 자료

쿠퍼실리테이션 그룹 '우리의 약속'

인피플컨설팅 퍼실리테이터 기본 양성 과정

박영준 소장님의 'Design 2020' 워크숍 자료